慢讀論語

60則修身養性、為人處事、
啓發人生的經典名句

琹涵——著

目次

卷二．士不可以不弘毅，任重而道遠

不怕路途遙遠 ◉ 子曰：「吾嘗終日不食，終夜不寢，以思，無益，不如學也。」 104

沒有人喜歡憂苦 ◉ 曾子曰：「士不可以不弘毅，任重而道遠。仁以為己任，不亦重乎？死而後已，不亦遠乎？」 108

勇敢向前 ◉ 子曰：「苗而不秀者，有矣夫！秀而不實者，有矣夫！」 113

年輕，多麼好 ◉ 子曰：「吾十有五而志於學，三十而立，四十而不惑，五十而知天命，六十而耳順，七十而從心所欲，不踰矩。」 117

命運大不同 ◉ 子不語：怪、力、亂、神。 121

不須自卑 ◉ 子曰：「吾少也賤，故多能鄙事。」 124

接納的智慧 ◉ 子貢問曰：「鄉人皆好之，何如？」子曰：「未可也。」「鄉人皆惡之，何如？」子曰：「未可也。不如鄉人之善者好之，其不善者惡之。」 127

難題 ◉ 子曰：「父母之年，不可不知也，一則以喜，一則以懼。」 131

卷三・己所不欲，勿施於人

卷四．知之者不如好之者，好之者不如樂之者

寫在前面

等待最美的相逢

我們歷代的經典是博大精深中華文化的精髓，塑造了民族的習性、精神和人格特質，也成為人們言行舉止的依歸。

常讀經典，動靜皆宜，讓我們成為一個有內涵而令人敬重的人。《論語》是其中之一。

我年少的時候，未必能明白《論語》的可貴。長大以後，看多了社會亂象，甚至有深具影響力的人，位居要津，竟然言不顧行，到了匪夷所思的地步，讓人瞠目結舌，久久無法置信。

希望大家都來讀《論語》，接受經典的薰陶和啟發，成為更好的人。有所為，也有所不為。個個都是坦蕩磊落的君子，擁抱理想，剛正不阿，這才是社會國家長遠之福。

《論語》為什麼能成為經典？

所謂的經典，是要經得起漫長歲月的淘洗。縱使歷經時空的改變，依舊是字字珠璣，充滿了智慧的篇章，且歷久而彌新，讓人深以為「好書不厭百回讀」，每多讀一回，就有一回的領會和啟發。

《論語》由孔子的弟子及其再傳弟子編撰而成。它以語錄和對話文體，記錄了孔子和他的弟子言行，反映了孔子的政治主張，倫理思想、道德。全書共二十篇，四百九十二章。

當我們展卷細讀《論語》，不僅可以學得如何做人，還可以深入瞭解中國的歷史和禮儀，是紮根於中華民族的優良傳統文化沃土之中。

這是多麼珍貴的文化遺產！

《論語》對現代人的重要性或意義是什麼？

十多年前，曾經有人在報紙上問：「你說得出台灣的首富是誰，可是，你知道台灣最有道德的人是誰嗎？」

果然，答案是空白。

難道，是從那時開始，我們的社會已經逐漸向著名利傾斜，真正在意品德教育的人日漸少了？

這是整個國家向下沉淪的警訊，令人怵然以驚。

《論語》既然是儒家學派的經典著作，更是孔子學說的精華，中華文化的寶典。在精簡扼要的文字中，記錄了許多孔子為人處世的哲理。兩千多年來，這些話語一直激勵著人們進德修業和敦品勵學，影響世人至深且鉅，這都是有目共睹的事實。那麼，我們能不能重讀《論語》，再一次接受它的潛移默化？

人的言行舉止是受到心的主宰。當我們的心有足夠判斷的智慧，堅定自信，知所先後，相信所有的外在言行舉止，也都會是合宜的、謹守分際的，更時時讓人即之也溫。

您第一次讀《論語》是幾歲的時候？最近一次讀是何時？不同年紀讀《論語》是否有不同體會？

第一次讀《論語》，是在十三歲時的國文課本上，只是節選。高中時，還有《中華文化基本教材》，簡稱《文化教材》，是當年臺灣高中國文科課程教材之一，選錄儒家典籍「四書」而成，最早為教育部國立編譯館所編選。是必修的課程，共分六冊。一至三冊，選自《論語》；四、五冊選自《孟子》；第六冊則選錄〈大學〉與〈中庸〉。那時讀《論語》就更仔細了。

十年前，我在無意中發現周遭有不少朋友又紛紛讀起《論語》來，我很驚奇。原來，有對《論語》的新詮釋出現，這些新的解說更可以為我們帶來不同的視野和省思，的確值得一讀。

何況，這個時候，我們早已脫離了學校教育，不再為考試和分數而讀，純然只是興趣，讀起來更是興味盎然。人生閱歷的增加，更讓我們跳脫了文字表面的註解，而有了更深一層的理解與會意。

經典著作是值得晨昏相依、時刻相隨。

不同的年齡讀《論語》，領會自然有別，啟發更是相異。

這是讀經典好書最深的受惠，也是最大的酬報。

您曾經從事國文教學工作多年，建議現在的國文老師或學生如何教《論語》、讀《論語》？

我終生服膺的是：「教育無他，唯有愛和榜樣。」如今，優秀的國文老師很多，我相信他們都有各自的創意教學，這是學生之福，哪裡還需要我的「野人獻曝」呢？

的確，我曾經長期從事教學工作，深知在培育根基時，很少有人不學而能，所以更加彰顯了教育的重要。

家庭、學校和社會教育都同樣的重要，長大以後，獨立自主，自我教育更是不容輕忽，那樣的學習，是與生命共始終的。閱讀好書，會是一條捷徑；尤其是經典之作，更應見賢思齊。《論語》無疑是良師益友，長期的陪伴和薰陶，足以讓一個人有所依循，不偏離正軌，才能福國利民，有益眾生。如此，自己活得更有意義，這個世界也會變得更好。

只是，我愈來愈擔心，在這小島上出生長大的我們逐漸陷入「小鼻子小眼睛」而不自覺。

我們以及更年輕的朋友們，恐怕很難有大格局。器小量窄，完全無法想像「宰相肚裡能撐船」的寬闊遼遠。更糟的是，我們不認為自己有錯，反而對著不同主張的人驅之而後快。我們狹隘，卻還沾沾自喜，以為「非我族類」的，全都應該遭受鄙夷。

我們有著自己的一套標準，順我者昌，逆我者亡。

這和獨裁、霸凌，又有什麼差別呢？用難聽的字眼謾罵別人，卻只有自己是尊貴的，而且從來不曾有錯，錯都在他人。

對別人苛刻，對自己寬容。允許自己為所欲為，他人若有所質疑，立刻調查處置，務求產生「寒蟬效應」。

這哪裡是我們所樂意看到的呢？

一起來讀《論語》吧！

您曾寫作許多將古典詩詞現代化的作品，閱讀古典詩詞與閱讀《論語》的心情或方式是否有不同之處？

我稱得上是一個自律嚴格的人。我待別人寬厚，對自己卻從來不假以辭色。

或許，這和父母師長的教誨有關，和排行老大有關；也或許，和暗合了幾分天然的習氣有關。

總之，我就是這樣成長的。謹小慎微，恐怕，也是很無趣的。

我總是循規蹈矩，嚴守紀律。生活裡，不太有逸樂的部分，多的是扛起責任、給予榜樣，還要先人而後己。我很難放縱自我，更不可能得過且過、隨波逐流。

的確，築夢的過程艱難，然而，無可推諉，唯有咬緊牙根做去，日久，成績便也看得見。我不敏，經常人一己十，時時記得鼓舞自己要勤能補拙，慢慢的，也稍稍見得到成果。沒有比別人聰慧，只有更加勤奮而已。

這樣做的好處是，真切領會到「一分耕耘，一分收穫」的深意。

學無倖至，每一個務實的步履都把我帶向了更好的境地，我的人生字典裡從來沒有「虛度」二字。

仔細推究起來，我的中規中矩也和經常閱讀修身、養性、為人、處世的書有關，當然，《論語》也在其中。

繃太緊的心弦，有時候，也令我覺得疲累，這時，我讀詩詞歌賦，那麼優美雋永的文字，足以洗滌身心並且陶養性靈，好處是說不盡的。

我知道，我確實走在一條更好的路上，值得繼續堅持下去，甚至生死以之。

我對自己的期待是剛柔並濟，可以溫柔，可以勇敢。

您希望什麼樣的讀者來讀《慢讀論語》？

愛書人總是尋尋覓覓，努力想要找到他自己真心喜歡的書來看，然而，書海浩瀚，卻也未必能夠如願。

書，也總是靜靜的等待，等待有緣人的出現。等待的歲月可能久遠，為了知音的眼眸，我以為是值得的。

有一天，憑藉著機緣，終能相遇，那樣的莫逆於心，必然會是最美的相逢。

《慢讀論語》是我最新出版的書，會不會可能是您所尋覓的呢？

《慢讀論語》可以做為《論語》的延伸閱讀，以增加您對《論語》原著的了解。

如果您覺得原著過於嚴肅，不容易親近，那麼，不妨考慮先讀《慢讀論語》。畢竟《慢讀論語》是以現代文字書寫，配合生活中的小故事或所思所感，有著比較親和的面貌，或許，也會是您喜歡的。

倘若您讀了《慢讀論語》，覺得內心有所契合，那真是給予我最大的讚美了。

現在，請您打開書，或許，美好的相逢正要開始了。

琹涵二〇二〇年盛暑

卷一

見賢思齊

見不賢而內自省也

識人的智慧

你有識人之明嗎？那的確是一門大學問。

朋友不同於父母、兒女、手足的命定。若屬命定，遇到了，無法逃脫，只好委曲求全的認了，不斷地說服自己要達觀、要活在當下。如果我們沒有能力改變現狀或影響對方，我們只有要求自己能有合宜的應對，或者讓自己的心裡好過一些。

朋友的好，在於可以選擇親近或疏離，聽憑己意，無人可以置喙。我在這方面，不夠理性，總是不忍心，結果越陷越深，到了傷痕累累，方才壯士斷腕，勉強維持了全身而退，心卻早已斑駁。

認識一個人的真實面貌，有時候也不是那麼容易，多麼需要長期的觀察，看他是如何待人接物的？尤其，是在面對利害關係的時候，他是怎麼處理的？或許，可以略知一二。有些人善於隱藏心思，也有些人很會迎合他人，更讓人看不真切。於是，也讓我們誤以為對方是善類，卻不知那只是我們的一廂情願。

當然，人非聖賢，偶有缺失，只要能改過，便也無妨。只要不是大是大非的偏頗，不涉及品德的低下與沉淪，其實，我是可以放對方一馬的。

我常想，如果沒有利害的發生，或許我們可能永遠都被蒙在鼓裡，根本看不到對方的真正面目。如果你的朋友絕非善類，我勸你割席離去的好，不必怒目相視，只要逐漸的疏遠，靜靜走開便是。否則，只怕你遲早會被出賣，到那時，欲哭無淚，也只能怪自己的「識人不明」

了。

識人談何容易？卻是我們一生必須學習的功課。

如何識人？「聽其言、觀其行」便是。

有的人喜歡夸夸其言，老是說得天花亂墜，又豈能盡信呢？我們還要仔細觀察他的行為，是否言行合一？或者是言不顧行？

言行合一的人，重然諾，守規矩，是可信賴的君子，讓人敬重。言不顧行的人，則是說一套做一套，甚且不認為這樣有錯。你會喜歡這樣的人嗎？

《論語．為政篇》中有：

子曰：「視其所以，觀其所由，察其所安，人焉廋哉！人焉廋哉！」

孔子說：「觀察一個人，首先要看他待人接物的動機和目的，然後再觀察他處事為人的方法和途徑，接著再體察他行事後是否心安。能用這樣的方法去了解一個人的品德邪正，又有誰能隱藏得了呢？又有誰能隱藏得了呢？」

知人不易，這是孔子的觀人之術，多麼有智慧，也給了我們絕佳的參考。

一個人可以暫時偽裝，卻無法一輩子造假，總會無意之間在枝微末節處被人看出破綻。這是孔子談論考驗一個人的學問和言行的話，的確是一則察微知著，觀人就事，用人為政的學問了。

老祖宗的智慧，的確可以成為我們的借鏡。

話語如刀

行年越長，越覺得話語如刀。能不謹慎？

刀，要鋒利才好用。鋒利，才更見效果，事半功倍，多麼好。然而，鋒利也帶有危險。只要一個不小心，就可能傷人又傷己。

孔子又是如何來評論說話的？

《論語．學而篇》中，這麼寫：

子曰：「巧言令色，鮮矣仁。」

孔子說：「說話花言巧語，討人喜歡，這種人是很少會有仁心的。」

可見一個人如果不能以仁存心，言不由衷，縱使說的是好聽的話，迎合別人的話，也是沒有意義的。

那麼，出口傷人的，恐怕更是等而下之的吧？

平日，你說話時，夠小心嗎？

我謹小慎微，不求有功，但求無過。這讓我平安涉渡許多人世的風雨，我很感恩。我明知自己不敏，是朋友願意善意待我，才得平安順遂。

我有個朋友非常能幹，也很有才華。我對她敬佩有加，自認望塵莫及。只是，我很快地發現，她的人緣不好，大家都對她敬而遠之。怎麼會這樣呢？原來，她說話太尖苛，讓人聽了，不免很受傷。於是，人人避之唯恐不及。

她知道嗎？她願意遷善改過嗎？

顯然，她毫無所覺。

她也反省，卻事事都錯在他人，還強詞奪理，硬拗取勝。她怨懟、憤怒、嘲諷，認為都是上天待她不公，她何其無辜受累。

我終究無言，連一句勸慰的話語都說不出來。

她如此的剛愎自用，自以為是，那裡聽得下旁人的相勸呢？

這樣的一個人，卻因為話語一出，句句有如刀削，令人承受不起，到底無法一展長才。加以時日久了，人際關係日益疏離，連親人也視如陌路，不相往來，只好孤寂過一生，多麼令人替她扼腕嘆息。

如此一個真實的例子，就在我的周遭上演，也讓我時時警惕，提醒自己說話務必要小心。如果我不能說溫暖、良善、鼓勵的話語，那麼，寧可沉默，不著一言。

話語如刀，哪能不用心？

一頂帽子

我竟然因此得到了一頂典雅美麗的帽子，真是始料所未及。

好朋友北上來看我，就在炎熱的八月天，真是盛情感人。火傘高張之下，我可是連日都躲在家裡，完全不敢出門，就怕一出家門就被熱浪席捲而去。

那天氣溫有三十八度。

好友相見，自有說不完的話，話終於說完了，她離開。卻又透過對講機來問，帽子是不是遺落在我家？

一頓好找，沒有看到。她來時搭計程車，會不會忘在車上了？……

無法可想，她離去了。

好朋友才學皆美，還是個畫家。我總是把好朋友當書來細讀，常多有領會，對自己的進德修業也大有幫助。

一如《論語．里仁篇》書中所說的：

子曰：「見賢思齊，見不賢而內自省也。」

孔子說：「見到賢德的人，就應該學習他的長處，看到不賢的人，就應該自我反省，以避免犯了別人同樣的缺點。」

我喜歡把好朋友當書看，他們都是我開卷有益的好書，不斷的接受他們的薰陶，慢慢的，我也變得更好了。……

她離開的第三天清晨，我正要外出散步時，居然在要出大門的左邊顯眼處看到一頂懸掛的帽子，微帶藕色，還有一朵絹做的玫瑰花以為裝飾，樸素中有著雅麗。我想一定是她那曾經遺落的帽子。

夏天還很長，我想她還用得到這頂帽子。改天，我得上郵局寄回南方給她。想像她的失而復得，會有多麼的開心。

感謝善心的鄰居。

再仔細想來，其中還是參雜著些許古怪。我每日清晨都要外出的，為什麼是第三天才看到帽子呢？難道其中還另有曲折的故事嗎？惹得我好奇心大起，真想有機會也去追追追呢。

好朋友住在台南，我原想按預定計畫寄還給她帽子的。她卻說：「謝謝妳，不用麻煩上郵局寄回了，因為我還有其他的帽子可戴。」

既然她這麼說，我便拿那帽子來試戴，哇，很棒呢。即使我刻意上街去買，恐怕也未必能買到如此讓人滿意的。

其實，我也有很多帽子，只是顏色比較偏深，耐髒嘛。有時候大熱天戴上，不免覺得有一點「沉重」。這頂帽子的顏色清淺，很素雅，我真心喜歡。

我特地自拍傳了一張照片給她看，她也說好看，似乎還很高興的樣子。

謝謝好朋友的慷慨相贈。

就這樣，我因此意外得到了一頂漂亮的帽子。

很有趣呢。

想念

我在臉書上看到有人提起了你，說你在二〇〇七年辭世。有這麼久了？你離開竟然有十三年了。

是的，你走得太早，走時才五十幾。對一個學者來說，的確離席太早，讀了那麼多的書，都還沒有能夠盡情的發揮所學，這樣的損失，已經不只是個人的，也是整個國家的。然而，死生有命，又由得了誰呢？

姑媽的三個兒女裡，你居中，學的是歷史。從台大史研所到耶魯大學余英時先生的門下，讀書的歲月很長，然而那的確是你喜歡的。

回國以後進入中研院，從事研究的工作，還編書，有系統地介紹國外的哲學思潮。我以為，在我們的一生中，能做自己喜歡的事，那也是一種幸福。

我讀中文，卻喜歡歷史。可惜，長大以後，你人在台北，我住台南，我連和你見面的機會都不多；反而是小時候，每遇寒暑假，姑媽帶著你們兄妹前來探望祖母並且小住。長大以後，我們各自求學工作，也各有忙碌，相見的機會更少。家父母遠逝，告別式時，你前來弔唁。我看著你的身影，你比小時候壯了好多，也已經是個中年男子，我們都不再年輕了。

「談笑有鴻儒，往來無白丁。」應是屬於你生活的寫照。《論語．里仁篇》上說：

子曰：「德不孤，必有鄰。」

孔子說：「有道德的人，不會孤單，必然會有志同道合的人前來親近。」

以你的才德兼優，得到各方的推崇也是必然。

你是我們家族這一代裡，走得最早的一個。告別式上，據說，全台灣各大學歷史系的系主任都到齊了。縱使冠蓋滿京華，卻又如何呢？你依舊悄然地離開了我們。

你所有研究的心血並沒有白費，後來的學者將站在你的肩頭上對學術有更多更深刻的闡發，那樣的貢獻也間接來自你曾有過的殫精竭慮。問心無愧，你的確可以長眠而不愧怍的。我常想，文化能夠繁衍，學術能夠傳承，一切便也無憾。我們都只是這無垠大海中的一滴水珠罷了，不妄自菲薄，是因為江海不擇細流，故能成其大。

活在世上的每一天，還都是要努力的。這是我的人生態度。忙碌，雖然辛勞，卻也讓日子過得充實而有意義，我喜歡這樣。

記起你，總有無限的想念。慢慢地，紅塵中的我們也都老了，這是否也意味著，彼此的相逢之日已然不遠呢？

生命自有出口

生命自有出口，很久以後我才真正明白。

我們活在世間，常須面對種種不同的情誼，無論君臣、父子、夫婦……你都有合宜的因應之道嗎？

善於應對，便能維持關係的良好；否則，恐怕是災禍一場，眾叛親離，結局必然不歡。

那麼，你呢？你的處理合宜嗎？

行年愈長，我愈覺得，這許多的情誼最終若能歸結到朋友，或許更能夠長長久久，甚至歷久而彌新。

或許，也因為「朋友」的距離，讓彼此有了可以舒緩的空間，摩擦和衝突比較不容易發生。縱然發生，化解也相對容易，這也讓友誼的持久度節節升高。親情和愛情常讓彼此的關係越是緊密，轉圜的餘地相形之下也被壓縮了。一有誤會，怨懟立生，新仇舊恨齊上心頭，怒目相視，話無好話，那樣的糾葛難解，除非雙方願意平心靜氣，誠意協談，否則，執意孤行，恐怕只有神仙能救了。

如果留下遺憾，有多麼的可惜。

教書的時候，我常看到學生們為情所困，這些青春少年兄，很有「少年維特的煩惱」，師長們為了害怕他們因感情的把持不住而影響課業，甚至前程，盡力圍堵者有之、苦勸回頭者有之。我記得，有個年輕的老師跟她的學生說：「喜歡一個人，不說出來，放在心裡，默默的祝福，不也是一件很美的事嗎？」老師的話語如詩，只不知她的學生們能接受幾分？我如今想來，仍然覺得莞爾。

我曾經在《論語．顏淵篇》中，讀到這樣的一段話：

子貢問友，子曰：「忠告而善道之，不可則止，毋自辱焉。」

子貢請問交友的方法，孔子說：「朋友有了過失，要盡心的勸告他，好好開導，如果對方不聽，便要停止，不要自取羞辱。」忠言多半逆耳，然而卻是有益的。只是「不可則止」，想想，佛家尚且說：「佛度有緣人」，若無緣，一片好意盡付流水，也是無可奈何。

現代的老師也很多都和學生平起平坐，可是畢竟是師長，仍然要負起教導的責任，有必要盡其所能指引學生到一條更好的路上。

當他們長大，人生的風雨總會襲來，說不定已經正在等著了。那時候，不只愛情，還有人際、事業、健康等各種難題與關卡。

還是讓我誠心的祝福這世間的人們吧，各有功課，也各有承擔和苦楚，又有誰能真正逃躲得了呢？既然逃躲不成，還不如認真面對的好。面對，也是一種勇敢的態度。更好的是，我們不是得到，就是學到。說不定後者給予的回報更多，讓我們更為堅毅果敢，能夠注視往後歲月的淒風苦雨，一無所懼。

其實，我們是不必憂懼過甚的，請樂觀以待吧，畢竟生命自有出口。

因為飄著花香

有誰不喜歡花香呢？隨風四散的香氣，多麼迷人。

玉蘭花是香的，那也是母親喜歡的花。

我們住家小巷的路旁，種有好幾棵玉蘭樹，隨著歲月的推移，幾十年過去了，玉蘭樹長得高又大，甚至有兩層樓高了呢。每當季節到了，就會開出白色的小小花朵，香氣四溢，讓整條巷子都芬芳了起來。

夜晚的時候，偶而我一時興起，也和媽媽一起外出散步或逛夜市。每每走過玉蘭樹下，我們總要駐足仰望一會兒，即使沒見花影，那碧綠的葉子也是美麗的。若有花香，我們停留的時間會更長一些。風吹過，彷彿讓我們淋了一場香雨呢，那樣的感受很特別。

很久很久以後，我才知道，能跟母親一起散步或逛夜市的時光，是多麼幸福而難得的事。因為平日裡我們各自忙碌，其實，連這樣散步談心的時刻也不多。

我們都以為眼前的幸福會直到永遠，卻不知所有美好的時光總是稍縱即逝的。何曾為誰而停留？何況，世事這般無常！

想起往日，偶而我也送母親玉蘭花串，有時候是從賣玉蘭花的小販手中買得，有時候是同事或朋友所贈，母親總是歡喜的。她用個漂亮的小磁碟，加水，玉蘭花排成一圈，讓香氣更能維持得久一些。每次我回到家，聞到玉蘭花芬芳的香氣，真心佩服母親的巧思，而柔美的花香也由全家人所共享。

《論語．里仁篇》中這麼寫著：

子曰：「里仁為美，擇不處仁，焉得知？」

孔子說：「居住的鄉里中，要有仁者才好，如果選擇住家，不選在有仁厚民風的地方，又怎能算是明智呢？」

如果能與仁者為鄰，又在仁厚民風的鄉里，這樣的住處最為可貴。仁者、仁風，所傳遞的美德，也會如玉蘭花綻放的芬芳吧。相信一生重視兒女教育且處處與人為善的母親，一定也會服膺孔子的智慧。

如今，母親已經在天上了，每次走這條巷子，都讓我想起母親的言笑宴宴，讓人思念無亟。可是，往日的一切也都成了追憶，如今只能在夢裡尋覓母親的慈顏。我心中何嘗沒有深深的念想和遺憾呢？

因為飄著花香，玉蘭花的香氣幽幽，從來不帶絲毫的侵略性，另

有一種清新甜美。這條巷子，在我的內心深處，也成了洋溢著思念，
卻又忍不住要頻頻回首的小巷。
只因為飄著玉蘭花香？是的，它因此不同。

說話的藝術

我小時候很不愛說話，也因為身體不好，覺得說話好累，於是，我總是沉默的時候居多。

很久很久以後，我才知道，人的一生要說多少話恐怕是有配額的。我小時候不說，長大以後竟然得要補說回來。該如何補說？上天讓我去教書。

果然天天說，還要大聲說，說個沒完沒了。

剛開始時，宛如作戰，說得口乾舌燥，筋疲力竭，簡直快要累死了。說課本的，說課外的，說生活的……我的口才慢慢稍有起色，更多的時候，其實，我只是說給我自己聽。

我當年的學生對此恐怕會十分吃驚吧？小小年紀的他們，完全無法想像實情竟然會是這樣！

彷彿我也只是課堂角落裡的小女生，聚精會神聽著老師說話。這樣說有趣嗎？會想再聽嗎？……我偷偷的給自己打著分數，怎樣說才會令人悠然神往呢？往後的日子還會記得這個故事嗎？

說話，不停的說話，一再的訓練之下，我終於變得比較能說了。

你知道別人是怎麼評論說話的嗎？

《論語．憲問篇》裡這麼寫著：

子曰：「其言之不怍，則為之也難！」

孔子說：「一個人如果大言不慚，過分誇張渲染，那麼，要他去實踐承諾，也就加倍困難了。」

孔子要求言詞出自誠懇，當然就不會有「說一套，做一套」，讓人鄙薄的行徑了。

說話是藝術，當然更要言而有信，如此，才能得到別人的信賴和尊敬。

我一向謹言慎行，因此，平日犯錯的機會並不多。

可是，能不說話，我還是喜歡的。尤其，在我獨自一個人的時候，我還是恨不得力行「沉默是金」。

如果說話只是銀，我以為，我還是別說最好。

即使這樣，我對那些口若懸河，說話滔滔不絕的人，還是心生佩服的。口才便給，甚至能一言以動公卿的，為國立下功勳的，更是自認遠遠不及，非常敬重和羨慕。

好人不寂寞

今生，我們常會遇到許多的人事物，各式各樣，琳瑯滿目，也在在豐富了我們原本貧瘠的生命。

在這許多的人事物裡，也一定會有讓我們印象深刻，難以忘懷的。許多年以前，那時候，我剛大學畢業，在白河教書，我和她的辦公桌是相連一起的。

有一天，閒聊時，我說：「我真的太幸運了，今生遇到的，都是好人。」我想那時候我的神情一定是天真爛漫，不解世事煩憂的。

她既好氣又好笑的說：「不是這樣的。妳的確很幸運，即使遇到了壞人，對方仍以善意待妳。」

現在想來，恐怕她說的是實情。

舉世滔滔，眼前的人百百種，我們該如何面對呢？

《論語．述而篇》書上這麼說：

子曰：「三人行，必有我師焉。擇其善者而從之，其不善者而改之。」

孔子說：「三個人同行，其中必然有可以做為我老師的。選擇他們的長處而加以學習，也將他們的短處作為自己改正的參考。」

這是與人相處的方法。朋友也像是一面鏡子，見賢思齊最好，見其不善而內心自省，從而改正自己的過失，也是很大的收穫。

今日我明白，我懵懂的度過歲月，是因為上天的疼惜，我的波瀾不多，經歷的磨練和困頓也少，就在平順的生活裡，我過自己喜歡的日子，而且看得到努力的成果。

她還跟我說：「妳這麼喜歡閱讀，這是天大的福分。」

我從書本裡得到的啟發、智慧和快樂，並因此得到心靈境界的提升，我明知那絕對不是金錢所能買到的。

尤其，有時候，還有人告訴我好書在哪裡？甚至獲贈好書，不必花錢去買，恐怕這樣的幸運更少人有了。

有一次，我的好朋友在知名的媒體上推薦好書時，還特地問了我，「最近有哪些書好？」

我的私下舉薦果然上了年度好書榜，那本書狂銷熱賣，歷久而不衰，成了那位大作家的生平代表著作，我的確也覺得很歡喜。

好書不寂寞。這不是應該天經地義的嗎？

可是，隨著時代的變遷，電腦的廣泛使用，電競遊戲到處是，加以書香社會不再，紙本書沒落，實體書店紛紛關閉……愛看書的人明顯的變少了。多麼讓愛書人感到寂寞！

在我，能讀到好書，也是一場美好的相遇，真心覺得，滿心的快樂，彷彿就要飛翔，連幸福似乎都要滿溢了。

善良的珍貴

隨著年歲的增加，越來越讓我覺得善良的重要和彌足珍貴。

一個人如果心地不善良，聰明絕頂又如何？才華洋溢又如何？若執意不走向正道，只怕危害國家社會更烈，聰慧與才情恐怕都成了為虎作倀的工具了。

小時候，我從來不覺得善良有什麼好，我以為那只是一個安慰語詞。對一個人，平凡、沒有特點，也找不出什麼好稱讚的，那麼，就說他善良吧。

長大以後，看多了職場上的形形色色，多少人陽奉陰違，多少人為求目的不擇手段，又有多少人壞事做盡還面不改色……真讓我嘆為觀止。

「他們不怕天打雷劈喔？」我們驚疑的問。

「正因為不信天理，所以才為所欲為。」

沒有公平正義，不談是非黑白，他們有良知嗎？或許，良知早已泯滅。

是因為失去了善良，所以使壞、說謊，也就習以為常，不以為忤了？多麼的可怕！

從此，我知道，看一個人，要先確定他是否善良，再看其他。如果沒有善良，其餘也就不足觀了。

原來，善良是如此的重要，它是一切德行的根本，更是做人的基礎。

有一次，我請好朋友伉儷吃飯。

趁好朋友走開時，我問她的先生說：「你覺得，太太個性上的哪一樣優點最吸引你？」

對方毫不遲疑的回答：「善良。」

的確，我這好朋友心地純良，寬闊能容，的確是個非常好的女子，讓人即之也溫。我也很高興，她的先生看得到，並且視為珍寶。

《論語．陽貨篇》中，這麼寫著：

子曰：「色厲而內荏，譬諸小人，其猶穿窬之盜也與！」

孔子說：「有人外表嚴厲，內心怯懦，如果用壞人來做比喻，恐怕就像是挖洞跳牆的小偷吧！」

我以為，這種裝腔作勢，傲慢自大的人，哪裡會是善良之輩？外強中乾，其實也來自才德不足。既然不能心存仁厚，哪裡還有什麼值得稱揚之處呢？

所以，心地善良是珍貴的。

那麼，你善良嗎？

有一天，我讀到了這樣的一句話：「人生有很多的坎，唯有善良能跨越！」真的足以振奮人心。或許，也和「天公疼憨人」是異曲同工。

人活在世上，不必機關算盡、處處計較，得饒人處且饒人吧。心中存著善念，時時願意與人為善，或許能讓我們活得更快樂一些。

良言一句三冬暖

「良言一句三冬暖，惡語傷人六月寒」，話出如風，能不謹慎嗎？有的人說話溫煦，也有的人寒涼，你屬於哪一種呢？

我喜歡能常常聽到溫暖的話語，所以，我也不時提醒自己：如果我開口，也要盡力都說溫暖的話語。

話語裡的溫暖，讓聽到的人覺得開心和受用，也讓說話變得有意義。我一直是這麼想的，也要求自己身體力行。

平日裡，你是怎麼說話的呢？溫和的時候多？還是不耐煩的時候多？說的話是溫暖，還是尖刻呢？

我以為，溫暖的話語也一如寒冬裡的陽光，讓心中的淒冷成為過去，也顯得溫暖有多麼的珍貴。

那麼，你常說溫暖的話嗎？一如你願意給予別人寒冷季節裡一條圍巾或一雙手套嗎？也讓對方得以保暖而不致受到風寒，不再為冷冽的氣候所苦。

有些人伶牙俐齒，說話苛刻，或許他自認聰明、反應機敏，既不願落於人後，還想佔人便宜。無論是在口頭上或實質上。

然而，日子久了，別人哪會看不出來呢？對一個老是咄咄逼人的人，說話尖酸刻薄，彼此的情分日薄，也就漸行漸遠了。

《論語．為政篇》裡有一段話，是我思之再三的：

子張學干祿，子曰：「多聞闕疑，慎言其餘，則寡尤；多見闕殆，慎行其餘，則寡悔。言寡尤，行寡悔，祿在其中矣。」

子張想要學習求得祿位的方法，孔子說：「多聽別人所說，有懷疑的地方暫且擱置，其餘可信的地方，也要謹慎敘述，以減少過失；多看別人行事，有懷疑的地方暫時擱下，其餘可信的地方，也要謹慎實行，以減少悔恨。說話少過失，行事少後悔，祿位自然就在其中了。」

可見謹慎說話，小心行事，有多麼的重要。

我有個朋友就常沾沾自喜，自視甚高，眼裡全是笨人，沒有一個比她聰明。真的是這樣嗎？人生的路太長了，證諸她往後的遭遇，她的處理也一般，並沒有見識卓越、優人一等。

難道在她高傲的外表下，其實是隱藏著自卑？

這也讓我時時提醒自己，世上高人多，千萬不能成為井底之蛙，務必謙沖自牧。活到老，也要學到老。

不是每個人都對自己有信心的，因此對鼓勵的渴求，人皆有之。那麼，你是不是願意多說溫暖的話語，是不是願意多給予別人溫暖的支持呢？

在這個充滿了寒涼的人世，常會因著這些溫暖的話語，也讓人覺得自己並不孤單。我總是如此樂觀的相信。

天堂在人間

好朋友是虔誠的教徒，有一次，她不解地問我：「為什麼妳對天堂沒有嚮往？」

或許，今生因著幸運，我領受了師長的疼愛和家人朋友的扶持，我受到的苦難和困頓都不算多。縱使有過一些折磨，也並沒有強大到讓我放棄理想，我依然帶有幾分天真，以為世上沒有過不了的關卡。

也或許，我接受儒家的教誨比較深。孔子的「未知生，焉知死？」對我是有影響的。與其嚮往遙遠的天堂，我更願意藉著群策群力，認真在紅塵裡打造桃花源，讓世人都能永享幸福和快樂。如果不能，我也願意在心靈的深處存有一個永遠的伊甸，那裡只有真善美，沒有醜陋與紛爭。

是的，我雖然不是基督徒，但並不等於我的心中沒有神。我的內心依然有所規範，如良知，就像一把無形的尺，時時為我衡量是非善惡，我嚴格的要求自己不逾矩。我自愛也自律，希望能不辜負所有曾經善待過我的人。

《論語．里仁篇》書中這麼說：

子曰：「以約失之者，鮮矣！」

孔子說：「由於對自己約束節制，那麼過失必然跟著減少。」

謹言少有禍害，慎行也少招怨尤，簡樸則時有餘裕。一個人如果能恪守本分，相信也必然極少犯錯。

只是，有時候，我也問自己：「像我這樣嚴以律己的人，處處審慎，人生走來，不曾偏離常軌，會不會也太無趣了呢？」

是的，我沒有做過壞事，從來循規蹈矩，連壞念頭都不敢有。然而，我也很快地發現，這才符合我的本質。若我使壞，我的內心將極度不安，甚至無法原諒自己。既然如此，我就聽從長輩的教導，良知的帶領，友善的對待每一個人吧。

我以自己的方式，看這個世界，過平靜的生活，努力工作，自愛愛人。我善盡好國民的責任，沒有虛度的人生，讓我無所憾恨。

對我來說，夢裡天堂太過遙遠，我的天堂比較簡單，它就在溫暖的人間。

真性情

你的性情怎樣？好，還是不好呢？

我希望自己是個真性情的人，從真摯誠懇出發，沒有矯揉造作，沒有虛偽掩飾，一切都是坦蕩磊落，事無不可對人言。

其實，我一直都是這樣的人，我也喜歡這般的簡單。讀書時，校園的生活清純，後來畢業了我在學校教書，環境也單純，讓我更能保持自己原有的特色。多麼的幸運，因為不是人人都能如此擁有。我不必為了一句謊言，再繁衍出更多更大的謊言，真是太好了。當謊言滿天飛時，可信的，到底是哪一句呢？或許，讓人感到悲哀的是，竟無一言可信？這難道不是人格的破產嗎？

我願意誠懇的待人，也相信朋友們都會看到了我的特質而喜歡我。

畢竟不誠無物，一旦誠信盡毀，社會呈現一片亂象。我簡直無法想像，一旦我們身居其中，還活得下去嗎？或許，發展到了極致，人心反而開始冀求反璞歸真？希望真的會是這樣。只是，不知還需要做何其長久的等待？

最近朋友傳了一篇文章給我看，據說看過的人無不大為稱讚，她想聽聽我的意見。

我讀了，文字華美，卻令我有幾分狐疑，既然是一篇哀悼亡妻的作品，何以所有的哀傷都只在字面？作品的扣人心弦，不是來自文字背後的深刻感情嗎？結髮夫妻即使是在尋常生活裡，也會有多少動人的細節蘊含在其中，真摯的感情必然無可遮掩，流溢氾濫。可是，為什麼我看不到呢？難道他們早已疏離？那麼離世的妻子是懷著怎樣的心情遠逝呢？對這樣一篇懷念她的文章，她又會怎麼想呢？……我覺得很心酸，幸好她早已大去，不再有淚，不再有痛，也不再有委屈了。

我不解的是，面對著形體已然灰飛煙滅的亡妻，他還需要再「演」一場戲嗎？

請看，《論語．公冶長篇》中如此寫著：

子曰：「巧言、令色、足恭，左丘明恥之，丘亦恥之。匿怨而友其人，左丘明恥之，丘亦恥之。」

孔子說：「花言巧語，假裝討人喜歡的臉色，對人過分恭敬，左丘明認為那是可恥的行為，我也認為那是可恥的行為。心中隱藏著怨恨，外表卻裝出友善的態度，左丘明認為那是可恥的行徑，我也認為那是可恥的行徑。」

虛偽、造假，不能表裡如一，其實是令人厭惡的。

有一句話說：「唯有至情至性，乃能大慈大悲。」或許是來自修行人之語吧？大慈大悲何其不易，卻唯有至情至性的人才能抵達這樣的境界。會不會也和《聖經》中所說的：「只有天真的孩童才能通過天國的窄門。」相近似？

我雖不能至，心嚮往之。

至少，我要努力成為一個真性情的人，但願在經歷過很多的修為以後，也能逐漸向著「大慈大悲」靠攏。

你呢？是一個有著真性情的人嗎？希望我們都是。

活出美好

你是否經常給予別人祝福呢？

當你祝福了別人，你是不是也記得要祝福自己呢？那麼，你也曾經誠心的祝福我們生存的世界嗎？

活出美好，是我對朋友以及自己的祝福。

我也許不夠出類拔萃，也許未必頭角崢嶸，但是，我依然可以因著不斷的努力，鍥而不捨的認真付出，而讓自己逐漸能活出美好。

「得之於人者多，出之於己者少。」我每次想到這裡，常不免感到羞愧，我多麼希望也能有所回饋。

活出美好，正是我對這個世界真誠地回報。

你呢？你是不是也有跟我相同的心願？

既然想要活出美好，哪裡能不孜孜矻矻，力爭上游？哪裡能不人一己十，勇往直前？

力行實踐，才能讓所有的美夢成真。

平日我的話少，我也認為寧可力行，無須花言巧語。

《論語．里仁篇》裡，這麼寫著：

子曰：「古者言之不出，恥躬之不逮也。」

孔子說：「古人不輕易說話，是害怕自己不能實際做到，而感到羞恥。」

能如此言行合一，是讓人佩服的。

真心的感謝這一路行來，我所得到的許多善意和鼓勵，那都是生命旅程中優雅美麗的小花，繽紛了我整個的心靈，宛如無言的鼓舞。

我自認是努力的，然而，我也相信，在這個世界上肯努力打拼的人所在多有，一個人如果努力了而又能看得到成果的出現，這是多麼幸運的事。其中必有來自旁人的善意以及上天的成全，為此，我的心中真有說不出的感恩。

我從來認真地活著，一向勤奮的工作，也願意時時與人為善，希望能活出更美好的自己，以不辜負此生中曾受到的諸多疼惜和美意。

活出更美好的樣子，這其實是我一直以來對紅塵最深，也是最大的祝福。

施人慎勿念

這是一個有情世界，不是我幫了別人，就是別人幫了我。

當然，我們希望人人自立自強。可是，畢竟我們都是平凡的人，偶而也會遇到力有不逮的時刻，別人若願意施以援手，真令我們銘感五內，不敢忘卻。

有時候，我們也幫了別人。至於，幫助了別人，就不必再記起。

我的朋友卻不是這樣。

他老是在我的面前絮絮叨叨，說他幫了某人，可是，對方並沒有給予同等的回報，顯然這是不對等的。

我很驚訝，為什麼他會這樣想呢？如果真心想幫，別人的是不是回報就不應縈懷於心。不是這樣嗎？倘若處處計較，沒有寬闊的胸襟，又何必出手相助呢？行事若老要帶有幾分算計，到底不美。

或許，在本質上，他是比較愛自己的吧？就怕別人占了自己的便宜，時時加以提防，唯恐自己的權益受損，只怕連快樂也就跟著減少了。

的確，在我的眼中，他是經常板著一張臉，一開口說話，總是別人辜負了他，是這樣的沒有良心，從來不知感恩圖報……

唉，我終究明白，我們是不同類型的人。

《論語．魏靈公篇》裡有這樣的一段話，可以作為參考：

子曰：「道不同，不相為謀。」

孔子說：「個人的理念不同，志趣不合，便不能一起互相謀畫。」

如果，彼此的理念分歧，志趣相異，哪能冀望長久的互助合作？遲早都要分道揚鑣的。

就這樣，我老是聽他抱怨，沒有一句好話，也讓我覺得，這個世界越來越不美了。

幫助別人，還是要心甘情願，要不，請自掃門前雪就好。

只是面對著不快樂的他，也常讓我覺得心情沉重，真恨不得避著他才好。如果他知道我是這樣看待他的，恐怕也會不敢相信吧？或者，也把我大大的數落一頓？

教與學

成功的教學，唯有賴師生共同的努力，才會看得到好成績。如果只是單靠一方，恐怕會事倍而功半。

教與學，雙方都需要有耐心，一個肯教，一個肯學，不宜操之過急，才能克盡其功。

在教與學的過程裡，還是要多加讚美鼓勵，而不是喝斥怒罵。鼓勵是陽光，帶來了希望和歡喜。鼓勵也是花朵，美麗了教與學的日子。

孔子是如何來看待教與學的呢？

《論語．述而篇》裡，這麼寫著：

子曰：「不憤不啟。不悱不發。舉一隅不以三隅反，則不復也。」

孔子說：「教導學生，如果對方沒有強烈的求知欲望，我便不去啟發他。缺乏懷疑精神的人，我就不去開導他。一個四方盒，我提示了一個角，他卻不能推想到其他的三個角，我也不去反覆告訴他。」

可見孔子的教學方法，是重視引導和啟迪，當然，學生也應該自動自發，努力做到觸類旁通，這才可能「雙贏」，收效更大。

小時候，我曾經學做家事，由於沒有經驗，笨手笨腳，有時還了闖禍，我後來才曉得，那都是必經的過程。教的人千萬不要越俎代庖，如果立刻搶過來幫忙做，對方勢必學不成，也讓教與學的人都更加沮喪，真是「雙輸」了。

記得，有一次，我在飯後洗碗盤，一失手，大盤子應聲跌落地上，摔成碎片，一片狼藉。媽媽聽到聲音，跑進廚房查看，只笑笑地說：「要小心，別受傷了。」然後就走開，並無一語責備。

所以，還是要多鼓勵，也允許初學者可能犯下的無心之過。畢竟，一回生，兩回熟，很快的，就可以上手了。說不定以後媽媽做家事時還多了一個好幫手；何況也促進了親子關係的融洽。好處很多呢。

我常覺得，良好的生活習慣和技藝的養成其實是越早開始越好，可以受用一生，真是太值得了。

不要因為過於在意考試的分數，錙銖必較，而剝奪了孩子學習其他生活技藝的樂趣。萬般皆下品，唯有分數高？哪裡真的會是這樣？

讓孩子能均衡的發展，在各個方面。我以為，還是比較接近理想的。或許，有朝一日，某項技藝居然演變成為第二專長，有了更為亮麗的表現，簡直是大出意料之外的驚喜呢。

風雨中的溫馨

沒有人知道，選來選去，在暑氣蒸騰的夏日台北，他們竟能選得一個既颱風又下雨的日子來和我相見。

見面還是歡喜的，來的是文琦、恩諒和秀枝。在遙遠的那些年，他們都曾經是我課堂上的學生。

很高興能看到他們。小男生和小女生如今都長大了，有了一些不同的人生閱歷，讓我們可以一起叩問歲月，回顧過往，交換屬於生命旅程的心得。

很溫馨的感覺。很久以前的一場師生好緣，居然可以緜亙到今日。

我以為，那是他們的善意給予，才會成全此日的相會。

文琦跟我們談起他在德國的求學生活，也兼及文化和飲食。我更好奇的是他那讀國中的兒子，果然很特別，接受溝通，也很獨立，勇於思考。其實，仍有幾分當年少年文琦的影子。

他為我們削蘋果和倒茶，恩諒笑稱：「讓大教授『執壺』了！」恩諒比起往日健談了許多，長大以後歷練增加了，卻依舊保有從前的體諒和禮貌，其實是非常難得的。他還給我們看他手機裡的照片，妻子極美，一如我的想像。

年少時候的文琦從來口才便給，言之有物，十分有趣。恩諒的話很少，以誠懇取勝。到底我們該如何來看待言語的表達呢？

《論語．衛靈公篇》中，這麼寫著：

子曰：「詞，達而已矣。」

孔子說：「言語文辭，要求達意就夠了。」

言語文字都是我們傳達心意的工具，所以無須刻意雕琢，真誠就很好了，酣暢淋漓最是吸引人。……

秀枝帶餐來給我們吃，她研發了好吃的「素食口袋餅」，人人都稱讚好吃。秀枝的食量不算少，人卻長得極為苗條，是上天恩賜的好口福。一起帶來的，還有玫瑰果凍，果真芬芳和美麗兼具。蜜蘋果甜脆，可惜，我們的胃納有限，其他的仙桃和甜柿，我們都吃不下了。

秀枝還說，下次會再研發新食物給大家品嚐。好，請拭目以待吧。

一轉眼，當年課堂裡年少的他們都要邁入中年了，韶光飛逝的快速，多麼讓人心驚。我真想提醒他們：唯有學會捨棄，才能知道自己真正需要什麼；留白後，更能清楚看到屬於內心的倒影。

然而，我到底沒有說出口。我想人生的滋味，也是如人飲水，冷暖自知的吧。

六點多了，他們在風雨中離去。留給我一次溫馨的回憶。謝謝，真的是一場很開心的相會。

回去以後，恩諒還在私訊裡跟我寫著：「靜靜地想，是什麼罕見的緣份，讓您跟我們班在那個時空初遇，而在多年後再相逢。好難得啊！」卻看得我眼眶發熱，我以為，那也是來自上天的恩典，多麼讓人感動。

卷二

士不可以不弘毅

任重而道遠

汗水與淚水

一個人出類拔萃的背後，必然是汗水與淚水的匯聚。

曾經滴滴落下的汗水與淚水，最後終究給了我們豐美的回報。也許是飛黃騰達，也許是成功的冠冕。

要不，難道你以為成功甜美果實是從天上掉下來的嗎？世上哪有不勞而獲的事？

我看過很多人是在歷經種種困難和考驗之後，由於那樣的堅苦卓絕，忍人所不能忍，才成就了非凡的事功。我常想，暗夜裡，曾經流下多少的淚水和汗水，恐怕外人也無由得知。每思及此，我甘拜下風，自以為遠遠所不能及。

所以，我對那些頭角崢嶸的人，從來都心生敬意。我知道，他必然比我吃過更多的苦，承受更大的痛，那麼，今日大家給予的的喝采與稱揚，所有充滿了仰慕和崇拜的眼光，也都是他應得的。不是嗎？

我有個朋友資質普通，談不上聰慧，可是，苦學苦幹，人一己十。上課固然如此認真，下課後依舊勤奮不歇。他沒有休閒娛樂，當我們郊遊、看電影、四處戲耍，只有他讀書、唷筆記、向師長請益……二十年以後，他早已拿了博士學位，在大學教書。而以「聰明」自居的我們則瞠乎其後，自嘆望塵莫及。

原來，「龜兔賽跑」的寓言故事在現實生活裡是存在的，竟然就這樣真實地在我們的眼前上演，看得我們刻骨銘心。

《論語・子罕篇》中說：

子曰：「譬如為山，未成一簣，止，吾止也！譬如平地，雖覆一簣，進，吾往也！」

孔子說：「譬如推土成山，只差一筐泥土就可以完成，如果在此時停止，這便是自己要停止下來的啊！又譬如填平窪地，只要開始傾倒一筐泥土，如果繼續下去，也是自己要進行的啊！」

所以，一個人在進德修業上，唯有鍥而不捨，才能日起有功。積少能成多，聚沙能成塔。最怕的是半途而廢，恐怕就只有前功盡棄了，那該有多麼的可惜。

「吃得苦中苦，方為人上人」，從來都是這樣。

你曾經流淚播種，辛勤耕耘嗎？如果沒有，那麼，憑什麼，你還冀望能歡呼收割呢？

生命

到底生命像什麼呢？

有人說：生命像一支燭，隨著時光的逝去而寸寸剪短，彷彿是一場悲劇。然而，求仁得仁，旁人又有什麼資格加以論斷呢？他，或許是個是個英雄，只是帶著悲壯的顏彩。以斲喪自己來換取光明，不能不說，立意高遠，只是多麼令人心生不忍。

有人說：生命就像雨後的彩虹，紅橙黃綠藍靛紫，迷人眼目，卻也轉眼即逝。說這話的人是詩人吧？唯美、浪漫，在短暫裡追求永恆，或許，美的極致就是他心中的伊甸？

有人說：生命像星光，遙遠、迷離，卻又真實存在。又近又遠，一派撲朔迷離，隔著距離遠望，總讓人看不真切。然而，因著想像的摻入其中，距離也會帶來了難以言喻的美感。

有人說，生命像火，帶來熱度。可是，僅僅一星之火就能燎原，會不會也帶來無可抵擋的災禍呢？

我喜歡生命像一棵樹，從幼苗開始，便日夜成長，毫不歇止。這種說法讓我覺得振奮，多麼有意思。長大的樹，或許開花結果，有更多的價值；要不枝繁葉茂，綠葉成蔭，成為酷暑時人們休憩的所在，也是一件美事。

樹有種種用途，會不會我的人生觀也逐漸趨向了務實，不再好高騖遠，而是要求腳踏實地？

我也喜歡生命像一條大河，莽莽蒼蒼，奔流不息。河川，是人類生活的仰仗，更是文化的起源。河，終將入海，更是兼容並蓄，有容乃大。……

孔子曾在《論語．先進篇》說：

「未知生，焉知死？」

「如果生前的事尚且不能知道，又如何知曉死後的事呢？」

唯有把握當下，充實人生，努力進德修業，才是更重要的吧。

我多麼喜歡泰戈爾的詩句：「讓生時麗似夏花，死時美如秋葉。」

希望有一天我真能做到這樣，便也無憾。

你覺得：你的生命像什麼呢？

或許，更要緊的，還是生命的內涵吧？

如果能賦予它真善美，有充實的內容，生命自會發光發熱，意義也就在這裡了。

世間所有外在的虛華，終究只是曇花一現，無法被記憶，更不能長長久久。讓我們更重視內涵的豐美，生命也必然因此有了崇高的價值。

歲月的奧秘

我努力善待了每一個來到我面前的人，無論是長輩、平輩或晚輩。我以為，待人本該如此，並沒有任何奇怪之處。

畢業以後，我在職場上，才發現很多人都不是這樣。他們所有的人際交往是以彼此的利害來加以衡量的，只要發現有利可圖就燦笑如花，努力籠絡；若無可利用之處，則視如空氣，有看沒有到，真讓我嘆為觀止。

在他們的眼裡，我真的是笨死了，還花了那麼多的時間和力氣去做他們眼中那許多無益之事。你看，每天跑來跑去，還把自己給累慘了。他們暗笑在心：真是愚不可及。

然而，他們又沒有說出口，並未給予冷嘲熱諷，我又如何知道的？唉，單看他們的神色就明白了。

是的，笨笨的我，依舊照著我的方式待人接物。

因為，我珍惜人間的因緣，不做他想。

我經常想到大自然給予我們的啟示，不也都在默默中進行的嗎？

近日，我在《論語．陽貨篇》中讀到：

子曰：「天何言哉？四時行焉，百物生焉，天何言哉？」

孔子說：「上天可曾說什麼呢？四季照常運行，百物照樣生長，上天又何曾說了什麼呢？」

大自然果真是我們最好的導師，給了我們深刻的無言之教。只要循序漸進，在既定的軌道上，就不必過於擔心。

身體力行，有多麼的重要。與其言詞夸夸，不如埋頭苦幹，日久，總會看到豐碩的成果。每一次，不都是由於鍥而不捨的努力，才能獲得豐收？

許多年以後，這些和我相熟的人裡，有人發達了，有人表現很優，有人具專業能力，有人卓爾超群……這些都不是當年我們初識時所能預測的。我真心替他們感到高興。他們的回報更令我驚訝，也因為我從來不曾有絲毫冀求回報的心。

原來，世間所有善緣的流轉，最終是會回到自己的身上。這是年少時候的我所無法想像的。

我終於明白，有很多人在臨終時，留給兒孫的遺言是：「要多多幫助別人！」行善要及時，而不應等待，為的也是讓這個世界變得更好，每個人都受惠，也包括了自己。

歲月是有奧秘的，卻要在更久以後，才能為我們所知曉。

相逢自是有緣

此刻我想，如果今生我們必得相遇，希望不要延宕太久，或許，我們還能見到青春的容顏。然而，上天的安排，又哪裡是我們所能預知的呢？

很久以前，我出了自己的第一本散文書《生命之愛》，聽說，妳看到了，還說：「太喜歡了，每個字都背起來了。」對於在文壇上初試啼聲的我來說，這樣的稱揚，其實是一個很大的鼓勵。

那時候，妳念台南家專吧？

我們曾經有機會相見的，只是不知為什麼我竟然錯失了。或許，因緣也是天意吧。

最近我動了眼睛手術，長期的用眼過度，終究讓情況更加惡化，幾至難以收拾。妳的好朋友是我往日心愛的學生，在我的眼睛逐漸復原時，他想來看我，我說：「好啊，你可以一個人來，也可以找幾個人一起來。」可是我沒有想到他帶來的，竟然是妳。妳從來都不是我課堂上的學生，妳是我的讀者，後來我知道，原來我還曾教過妳哥。

我曾經見過妳的童年好友，那兩個都屬漂亮的女子，卻都對妳讚譽有加。

一個說妳美麗非凡。一個還熱切的說，她對妳的出色容貌，簡直是望塵莫及。我以為，妳恐怕是天上仙女下凡來？

那時妳在大陸工作，有十多年之久了，我也以為妳長居大陸，並不知道妳最近已返台定居。

見到妳，果真文質清雅，彷彿是春天時早晨的微風一一吹醒了酣睡的花兒，這般的清新；也好似秋日蔚藍的天空緩緩行過的一朵白雲，如此的優雅。

我們相談甚歡，沒有隔閡，或許，文學才是我們之間真正的媒介。妳說話的表情甜美豐富，非常吸引人，也很有趣。談了很多妳的求學過程，從台南到日本，也談妳的工作，從高雄到武漢，還有妳的其他好朋友們以及生活瑣事。……

我們相見在知道彼此的三十六年以後，的確時間上的距離有些遙遠，或許，因緣的俱足也是在這個時候吧。

想起《論語．子罕篇》，這麼寫著：

子在川上，曰：「逝者如斯夫！不舍晝夜。」

孔子站在河邊，感嘆的說：「逝去的歲月就像流水啊，日夜不停的奔流而去。」

這樣的感慨和憂傷，人人都有。然而，我感謝，也願意相信，上天的安排都是好的。

妳的確是個有趣而迷人的女子。

妳送我的那盆薄荷，葉子清碧，生機盎然，妳跟我說：「也可以摘下來泡茶喝。」我倒希望多留一些時日，綠色養眼，或許有助於我的眼睛早日康復。我想，或許，妳的祝福也都隱藏在那碧玉葉層層之間吧。

很高興能見到妳，也會記得妳甜美的微笑和動人的話語。

畢竟我們終究相遇，不再錯失，或許這也是上天成全的美意。

花能解語

終於看到了你童年時的三個好朋友，都是美麗的女子，像花。美秀像幽蘭，欣燕是百合，淑麗則是火鶴，她們的性情不同，卻都是能幹的，各有各的人生哲學。

幽蘭清麗孤高，百合純真可人，火鶴熱情奔放。你一定比我更知道她們的不同優點，各有佳妙之處。

在這三個人中，欣燕跟我的緣分最深。她不只曾經是我課堂上的學生，她的姑姑是我學妹和同事，有一段不短的日子和我同一個辦公室，還坐在我的對面。……

你們長大以後，我最心疼的，也是欣燕。欣燕婚後，有過艱難的歲月，我都不敢想像，她如何堅強的走了過來？多麼的不容易啊。

那一次，我怕她路遠，她卻堅持北上來看我，說了許多話。她還是美麗的，讓我相信，她早已走過了紅塵試煉，而且有著奕奕的神采，多麼令人替她感到高興。

是的，紅塵歷練，誰都無可逃躲。

我讀《論語．子罕篇》，讀到這樣的一段：

子曰：「歲寒，然後知松柏之後凋也。」

孔子說：「天氣嚴寒時，人們才知松柏是最後落葉凋零的樹。」

歲末冬寒，一般的植物都禁受不起冷冽的氣候而零落，這時只有松樹柏樹依舊挺立，一片翠綠，直到最後，也給了我們很大的啟發。

但願我們都是那松柏，經得起現實種種嚴酷的考驗。……

就在我們歡聚時，她遠在美國讀研究所的兒子和在台南的先生都曾經先後打電話進來，還跟我說了幾句話，能如此凝聚了家人的感情，和樂融融，昭告了她掩抑不住的幸福。其間，必也有她長期所付出大量的心力。我終究明白，「上天若關上了門，也必然會為你開了一扇窗。」

她的聰慧，畢竟為她贏得了今天的一切。

人世的荊棘要能走過，人海的風浪要能涉渡，「平安」兩個字如何書寫，都不是嘴上說說的容易。連我都很佩服她。

你這三個好朋友都美麗幹練，個個冰雪聰明，各有屬於自己獨特的人生風景。我先後見過，也都說了不少話語，很有意思。

獨特，樹立了屬於個人的風格，也讓人一見傾心。
美麗的女子如花，還能解語，更是人世間的一樁美事。

不怕路途遙遠

不怕路途遙遠，只怕裹足不前。

千里之行，始於足下。真的，只要我們肯努力的走，日日行，哪怕千萬里呢？絲毫不懈怠，終究會有抵達的那一日來到面前。

在我們熟知的俗諺裡，也有太多類似的話語，用以鼓舞我們，振奮人心。如「勤能補拙」，如「一勤天下無難事」，都是鼓勵我們要勇於實踐，不要畏難苟安，更不要害怕前路迢迢，望不見盡頭。認真，才是珍貴的；堅持的努力將會使我們的未來充滿了一片光明遠景。

你呢？你是一個努力的人嗎？能為了理想，堅持到最後的一刻嗎？

唯有堅持到底，才能讓美夢成真。

偶一為之，不過是休閒或遊戲。如果沒有累積，通常是看不到成效的。

唯有堅持，以不斷的堅持，憑藉那樣的力量，有一天，我們才能看到夢想的實現。

那麼，你是一個能夠堅持到底的人嗎？

在堅持的過程裡，我們都需要更有耐心，縱使面對的是左右逢源的順境，請珍惜，並且給予多一點的時間，那麼，美夢就得以成真。

請別說你看不到屬於自己的未來，所有的機會都來自努力。持續的努力，毫不懈怠，也才能為自己開創未來。

也請別把希望寄託在他人的身上，靠自己最好，因著堅持的力量，必將見到明日的美麗和未來的燦爛。

想起小時候，我也怕難，更怕吃苦，長大以後，我才知道，只要肯做，所有的困難都可以一一克服。其實，困難根本是無所不在的，如果不想要遇到困難，只是消極怠惰，什麼都不做，然而，好逸惡勞的結果，注定了虛耗一生，毫無所成。你會喜歡這樣嗎？

先要訂下心中的理想，然而，理想在遙遠的他方，簡直高不可攀。相距如此遙遠，不敢相信會有成功的一日。就此打退堂鼓嗎？如果是這樣，理想也只是虛幻一場。反而應該堅定心志，奮勇前行，終究能實踐理想。

《論語．衛靈公篇》中，有這樣的文字：

子曰：「吾嘗終日不食，終夜不寢，以思，無益，不如學也。」

孔子說：「我曾經整天不吃飯，整晚不睡覺，去思考，可是沒有好處，還不如學習來得有用。」

坐而言，從來都不如起而行。所以，學習是重要的，在工作中努力以赴，也是一種學習。

我希望過有意義的人生，於是夜以繼日，幾乎不得閒，我卻甘之如飴。是的，我很少有遊憩玩樂的時間，除了工作，還是工作；然而，我知道，我日日走在逐漸靠近理想的路上，這樣的生活多麼幸福。

不怕路途遙遠，只要勇敢前行。

沒有人喜歡憂苦

有誰會喜歡憂苦呢？

沒有人喜歡憂苦；可是，生活中，有時候我們仍不免遇上。

遇上了憂苦，又該怎麼辦呢？

這就像天氣，有時晴，有時雨，有時陰晴不定。氣候既然不歸我們管，那又何必抱怨呢？平常心看待就好。

平常心看待？說起來容易，若要力行實踐，恐怕有點難。我想，重要的，還在於轉念。

生活裡，有著各種大大小小讓我們憂苦的事，明知道憂苦無益，甚且傷身，可是，我們常會克制不住。

最好的辦法是停止憂苦，勉力自己要活在當下。

有一天，我的朋友發現，她穿衣服時，需要扣鈕子，可是她左手拇指顯然使不上力。

怎麼一回事呢？

難道是自己曾經小中風？會繼續惡化嗎？有一天會整隻左手都不能用了嗎？……她越想越怕，簡直不敢再想下去了。

找了相熟的神經內科醫生仔細檢查，結果是由於頸椎的病變影響所及。

醫生說，「那也是老化的一種，等到情形更糟，例如整隻手完全無法使力，再考慮手術吧。」

既然目前無法可想，於是她每天自行訓練左手拇指。她很高興的說：「一個月來，經過不斷的練習，我覺得已經好了很多。」

我跟她說：「沒有問題啊，以前妳教書時，可以把學生教得那麼好，現在，妳當然也可以訓練好自己的拇指。」既然拇指在訓練下得以好轉，可見事仍可為，因此也就不必焦慮過甚。

是的，我們可以停止憂苦，努力活在當下。

的確，沒有人喜歡憂苦，也不會有人主動去擁抱憂苦。然而，當憂苦來到眼前時，你是不是能正視問題，甚至苦中作樂呢？

我以為，那願意苦中作樂的人，會是比較正向思考的吧？努力把憂苦轉換為歡喜，是一種積極的作為；努力不要讓自己陷入一片愁慘之中，願意以陽光替代，以歡喜更換，是會有成效的。

時日久了，連自己的個性也變得更果敢、更篤定、更從容。縱使面臨苦難，也能沉著應對，而不致驚慌失措。

古人又是怎麼磨練和鼓舞自己的呢？

《論語．泰伯篇》裡這麼說：

曾子曰：「士不可以不弘毅，任重而道遠。仁以為己任，不亦重乎？死而後已，不亦遠乎？」

曾子說：「讀書人的志氣，不可以不剛強堅毅，因為他要承擔的責任重大，走的道路遙遠。以弘揚仁道當作自己的責任，這責任不是很重大嗎？到死之後，責任才能停止，這路程豈不是很遙遠嗎？」如此任重道遠，至死方休，唯有不畏艱困，才能勇於承擔。這也給了我們很大的啟發。

其實，我們的一生中都在學習，「活到老，學到老」，我們不是都這麼說的嗎？也藉此大大的勉勵自己。

就在我們鍥而不捨的學習裡，努力學得越多，得到修正的地方以及累積的經驗也越多，這真是一件很好的事。

慢慢的，我們變成一個更好的人，感性與理性兼具，剛柔並濟，的確可以溫柔，也可以勇敢。

通過憂苦的重重考驗，但願有一天，告別這個世界時，我們平靜的離去，留下的是歡喜和對彼此的祝福。

勇敢向前

我們常努力鼓勵了別人，卻忘了自己也一樣需要鼓勵。

請記得，時時鼓勵自己：要勇敢。尤其，在我們面對困難的時刻。

小時候，因為我的身體不好，加以父母疼愛，我什麼事都不用做；到後來，竟然發現，我真的就什麼事都不會做了。

怎麼會這樣呢？

我不知道，父母是否想過，我是需要訓練的？沒有訓練，不曾學習，除了讀書以外，我不太有什麼技藝，或許，這也讓我的自信不易建立。我溫和有禮，然而，信心不足。尤其，在我遇到困難時，我的第一個反應是躲起來，眼不見為淨。可是，躲得了一時，又有誰能躲得了永遠呢？

很快地，我就明白：躲是下下策，最好的方式是勇敢面對，當困難解決了，就再也不會造成威脅。何況，還學到了本事，往後駕輕就熟，更可以一馬當先，替更多的人服務。

追根究柢，我反而是在進入職場以後，才開始努力學習，急起直追。起初也很怕，然而並沒有那麼困難，多做幾次，就熟能生巧了。

《論語．子罕篇》中，有過這樣的話語：

子曰：「苗而不秀者，有矣夫！秀而不實者，有矣夫！」

孔子說：「禾苗長出了莖葉，卻不吐穗開花的，有這樣的事吧！

吐穗開花，卻不結成稻穀的，也有這樣的事吧！」

其實，真正的用意是在鼓勵我們努力不懈。貫徹始終，才是可貴的。就像有的禾苗不能開花，或者能開花的卻不能結實，有多麼的可惜。

我因著肯學，便也有人願意教。感謝有人帶領，進步更是神速。當然，開心的是自己。學習，不只帶來快樂；有了本事，也讓自己擺脫了仰仗倚賴的心理。此後，可以做自己，不做菟絲花。

所以，不要怕，要勇敢。願意下功夫苦學，何愁事不能成？

想想：只要有心，鐵杵還能磨成繡花針呢。

偶而我們心中都不免會有怯懦的時刻，更要經常鼓舞自己：勇敢向前行。

何況，人生是自己的，所以更要從勇敢開始。

沒有誰可以讓我們仰仗一輩子。即使最疼愛我們的父母，也無法永遠為我們遮風擋雨，終究是要靠自己的。

曾經讀到這樣的一段話：「自己的路自己走，沒人欣賞，也要勇敢努力，沒人鼓掌，也要奮力飛翔。」覺得很受鼓舞。

學會勇敢。認真、務實，靠自己，我們才能跨越種種困難，人生的路，才能走得精采。

勇敢是必須。請一起加油。

年輕，多麼好

怎樣叫做年輕？你以為呢？

年輕的界定，在於有熱情，有活力，充滿了希望，樂於學習。有時候，也未必全然只在年紀輕。

我也曾經看過，有的人年紀並不大卻暮氣沉沉，老是自怨自艾，說自己身體不好毛病多，又說自己精神不濟，沒力氣在職場上奮力奔馳……怨言一籮筐。唉，有病看醫生，身體不好要鍛鍊，否則，聽起來都像是藉口，很難取信於人。

也有人雖然年紀大了，卻好學不倦，還認真運動、上社區大學，學攝影、唱歌，四處結交朋友……真的，足以為楷模。

如果一個人年紀輕輕，就不願學習，不肯有所作為，我們還能冀望他有一天能為國為民嗎？實則希望微渺。

如果兒童是國家的花朵，年輕人更是國家的希望和可貴的資產。

在我們的社區裡，有一個這樣的年輕人。

目前他還在學校裡讀研究所，假日則打網球，跑步，學木工，參加合唱團，寒暑假時，跑到國外自助旅行。有一次，我還在一個公益團體裡，看到他是其中的義工……跑來跑去，卻也衝勁十足。相形之下，果然比我們有精神多了，熱力四射，也真像是個有為的人。

祝福他，也能擁有像孔子一樣每個階段所能到達的人生境界。

《論語．為政篇》中，這麼寫著：

子曰：「吾十有五而志於學，三十而立，四十而不惑，五十而知天命，六十而耳順，七十而從心所欲，不踰矩。」

孔子說：「我十五歲時，立志向學；三十歲時，確立了做人的基本原則；四十歲時，對於事理已無所迷惑；五十歲時，能了解天命的道理；六十歲時，聽到別人的言語，自能分辨是非真假；七十歲時，便能隨心所欲，不會踰越法度。」

孔子一生，努力向學，進德修業，日求精進，是值得我們學習的榜樣。

有一次，我們在社區的門口巧遇，他很有禮貌地打招呼，「很忙，」他笑著點點頭，說：「一直都是這樣。」

學習，讓他的生活有重心，體能訓練讓他保持了活力，心中有希望，更讓他顯得朝氣蓬勃。

認識他的人都覺得他有朝氣有活力，彷彿全世界都在他的掌握之中，處處都是可以追逐的夢想。讓我們真心覺得：年輕，多麼好！

命運大不同

你相信命運嗎？我好奇，但並不相信。

的確，富貴窮通，每個人的命運都很不同。

有人銜著金湯匙出生，從來不知貧窮為何物？吃香喝辣，彷彿快樂過一生。但是，在內心陰暗的角落裡，或許也有外人所不知的傷痛和眼淚。

我有個朋友出生富貴之家，然而，忙碌的父母有各種需要打理的事以及應接不暇的酬酢，無暇顧及他，只好把他交給奶媽和管家。的確，他住在一個金碧輝煌的豪宅裡，應有盡有，只是沒有愛。他孤單的長大，和寂寞為伴。

有人來自清寒之家，為此心懷憤恨，認定是上天不公平。為什麼自己出生寒微，注定勞苦過一生？凡事要靠自己力爭上游，一步一腳印，卻又何其艱難，距離飛黃騰達，有多麼的遙遠。可是，事已至此，又能如何呢？

於是，窮算命，富燒香。有人甚至冀望改運，以求取往後的順遂。真的有用嗎？我不知道。會不會那也是一種心理諮商和療癒的方式？

在這方面，我有著比較接近儒家的看法。

《論語．述而篇》裡這樣說：

子不語：怪、力、亂、神。

孔子不願意談論那些怪異、暴力、悖亂、鬼神的事情。

仔細思考，孔子比較喜歡談論進德修業，至於怪力亂神，容易迷惑人心，為社會製造紛亂的事端，甚至引入邪曲。孔子坦蕩磊落，行不由徑，當然也看不得奸邪，更不願意言之於口。

或許，也是個性決定了命運。如果一個人的個性很差，天怒人怨，運氣還會好得起來嗎？我看到，有人行善，有人讀書，其實都是潛移默化，讓一己原本的個性有所修正，相信命運也會跟著不一樣。

我是比較願意靠自己的，既不想當菟絲花，那就慢慢來，一步一步持續的做吧，或許我要求的也不多，日起有功，無忝所生，就很好了。

拂逆時勇敢，平順時感恩。這是我面對人生的態度。

或許，並無所謂對錯和好壞。我以為，這也是個人面對生命的遭遇和選擇時，我所持的想法。

不須自卑

我們都應懷著謙虛的心，卻不必自卑。

謙虛，讓我們願意自處卑下，但並不等於自卑。我們依舊是有自信的，只是坦白承認一己的有所不足。

自知不足，也讓我們更願意力求進步。

在這個世界上，有誰是樣樣具足，十項全能的呢？我們都太平凡了，距離「完美」何其遙遠！一生中，我們在各方面都需要認真學習。由於肯下工夫學習，可以讓我們更加精進，也因此才得以逐漸變得更好。

想想看，在《論語‧子罕篇》中，有這樣的記載：

子曰：「吾少也賤，故多能鄙事。」

孔子說：「我小時候家裡窮，所以能做許多粗鄙的事。」

由於環境貧困而不得不多方學習，也因而增進了能力。恐怕也是始料所未及的吧。我常想，如果，更長遠來看，時勢造英雄，也是這樣。

謙虛的人有福，因為明白個人的不足，於是讓進步成為可能。日有進境，多麼讓人羨慕。最怕的是那驕傲的人，由於自滿，狂妄自大，不只沒有進步，還讓人討厭。

我曾經見過那些自我感覺良好的人，自認完美，沾沾自喜，也阻礙了進步的空間。一遇到別人好心指正，立刻暴怒翻臉，於是再也沒有人敢上前勸導，怎麼辦呢？沒辦法啊，就等著看他有一天灰頭土臉、鬧出更大的笑話來。

「滿招損，謙受益」，還真的是有道理的。謙虛者人緣好，得道多助，也受人歡迎。無論工作或失活都快樂許多。

也的確，我們心懷謙虛，卻不必自卑。自卑的人軟弱消沉，無法承擔重責大任。然而，我們必須謙恭待人，努力學習，當我們能奉獻所學時，相信這個世界一定可以變得更加富強，也更為和諧。

心懷謙虛不自卑，我們可以走更長遠的路，實現心中的大夢想。

接納的智慧

你懂得接納的智慧嗎？

接納自己，不迴避，只是領受，包括優點和缺失都要概括承受，有時候的確須要智慧。因為有智慧，才更能保有平靜的心情，並且鼓起勇氣前行。

接納既定且無法改變的事實，更是一種必要。

接納至親的遠逝，生離死別，都是我們今生極為沉重的功課。至親的辭世，更是無可挽回的大痛，可是，再傷心流淚都是枉然，無法生死人而肉白骨，那麼，不如讓死者安息，讓生者繼續未完的責任。

接納喜歡的人不喜歡自己，也接納喜歡的人無法和自己在一起。這個世界原本就充滿了各種缺憾，所以完美成為我們的希求，至死方休。然而，圓滿從來都只是一種期待，卻難以企及。若能美夢成真，的確是邀天之幸。

也要試著接納自己的不足之處，如出身、容貌、天份等等。隨著現代醫美的盛行，如今整形美容正夯。原本不太美麗的臉孔都可以在醫生的巧手之下變得美麗了，可是，也需要適可而止。我曾遇到那不斷整形的人，肇因於年少時曾因容貌醜而被同儕所取笑，自覺很受傷，從此努力賺錢，一再整形，即使我們認為他已經很好看了，甚至接近偶像劇男主角的形貌，可是，他還是不滿意，還要繼續整形。有必要這樣嗎？我想，他的內心恐怕生病了。

到底要成為一個怎樣的人，我們才會滿意呢？至少要是好人，可是，好人又如何界定呢？

《論語．子路篇》中，這麼寫：

子貢問曰：「鄉人皆好之，何如？」子曰：「未可也。」「鄉人皆惡之，何如？」子曰：「未可也。不如鄉人之善者好之，其不善者惡之。」

子貢問：「全鄉的人都喜歡他，這個人怎麼樣呢？」孔子說：「還不能確信他是好人。」「全鄉的人都討厭他，這個人怎麼樣呢？」孔子說：「也不能確信他是壞人。不如全鄉的好人都喜歡他，壞人都討厭他，才能確信他是真正的好人。」

辨別人的善惡，也是需要仔細觀察的，物以類聚，其實有道理。

我常想：或許也正因為心有所憾，也才讓我們更勇於追求夢想。冀望能在別處有更好的表現來弭平這一方的不足，也讓自己的心裡覺得好過一些。

願意接納，也表示不再苦苦為難自己。

願意接納，也表示我們的心性逐漸趨於成熟。

我們總是從幼稚開始的，跌跌撞撞的長大，有多少痛和悔，讓我們在無人處淚流不止；可是，擦乾眼淚後，迎著朝陽，我們努力給自己一個微笑，因為日子還是得過下去。

沒有人能移去我們身上的重負，我們唯有咬緊牙根，努力一肩扛起。

走自己的路，過自己的人生，縱使我們會面臨許多挫敗和困頓，請時時提醒自己：要善良，要勇敢，更要相信愛和希望。

難題

感謝父母在我們年幼時的襁抱提攜、成長時的栽培之恩，在在都不容易；至於父母的養老送終，當然是兒女們不容推卸的責任。

隨著歲月的流轉，當我們長大，能夠自立時，父母也已經逐漸年老，如何照顧老病父母的議題勢必浮現。如果手足感情好，個個孝順，願意相互扶持，共同想出法子，一起來照料父母晚年的生活，已是十分幸運了。多半的家庭是由那未婚的或乖順的來扛，有的還不准你有怨言，因為他們聽煩了，你最好默默地去承擔，甘之如飴，別計較，不就天下太平了嗎？

自私的人的確是各有打算的。

說什麼公平正義呢？對某些人來說：事若關己，恐怕影響個人利益，才是他們念茲在茲吧。

她未婚，很省，養著老媽媽。老媽媽高齡九十好幾了，身體算是健康。

我讀《論語．里仁篇》，讀到這樣的一則：

子曰：「父母之年，不可不知也，一則以喜，一則以懼。」

孔子說：「父母年齡不可以不知道，一方面欣喜父母的高壽，一方面也憂懼父母的逐漸衰老。」

父母高壽值得高興，然而伴隨而來的老邁和病痛，兒女要有長期照顧和陪伴的心理準備。

人人都會有老去的一日，父母也只是提早為我們示現人生暮年的景況罷了。

其實，她還有個弟弟，在外地的知名大學教書，是教授，已經結婚多年了。或許以為老媽媽有姊姊養著，沒有問題，也就很少前來探望。至於弟媳，則從來不曾出現過。

我們都覺得，老媽媽的歲數這般大了，她需要請個外傭，好分擔一些工作和壓力，她似乎不這麼想。

有一天，突然接到她的電話，探詢請外傭的各種手續和必須準備的資料。

還以為是她想通了呢？卻原來是她自己得了癌症，需要手術跟後續的各項治療，目前已經開始了，由於化療過程的艱難，有種種的不適。看來，她必須要有一個幫手，否則根本做不來。若她如泥菩薩過江，自身都難保，那麼，老媽媽孤身一人，加以歲數已大，又該怎麼辦呢？

我們想，她不是還有一個教授弟弟嗎？弟弟來過，匆匆又離開了，顧左右而言他，完全沒有提及媽媽該怎麼安排或照顧的事。

她說著說著，就哭了起來。

唉，家家有本難念的經，只是外人無由得知而已。

此刻，最年輕

我們常覺得自己正逐漸的老去，日子一天天的過去，我們也一日日的向年輕告別。

也的確是這樣的，沒有誰能否認。

但是，如果我們換另外一種說法呢？

當我們說自己一天天老去，豈不也意味著，相較於往後，此時此刻的自己不也是年輕的？

我們總是嘆息著韶光的逝去，卻不曾想到，此刻的自己是最年輕的。

明天，我們將比今天老了一日，明年，我們將比今年老了一歲。我們會越來越老，只有此刻最年輕。

那麼，不就應該珍惜此刻的好年華嗎？

我讀《論語．述而篇》，在裡頭讀到這樣的一段話：

葉公問孔子於子路，子路不對。子曰：「女奚不曰：『其為人也，發憤忘食，樂以忘憂，不知老之將至云爾！』」

葉公問子路有關孔子的為人，子路沒有回答。孔子說：「你為什麼不回說：『他的為人，發憤起來，連飲食也會忘記；快樂起來，所有的憂愁都能拋開；甚至於連快衰老了都不知道，如此而已！』」

由此可知，孔子好學的精神，多麼令人佩服！

好學是動力，催促著我們追求心中的夢想。

我有很多的朋友，竟然是在退休以後，活出了更為精彩的人生篇章。

盛年的時候，我們在職場拚搏，只能往前，卻無法後退。上有父母理應奉養，下有兒女需要照料。直到退休，兒女大了，父母走了，責任稍歇，終於可以追逐自己的夢想。

愛讀書的，重回學校做學生，甚至讀出一個新的學位來，彌補了年少時不能更上層樓的憾恨。愛旅行的，五湖四海任遨遊，湖光山色盡收眼底，何等的暢快自在！有人畫畫，有人唱歌，有人學拼布，有人去彈琴……年少時的夢想，居然還有一圓的機會，多麼感激上天的成全。

其實，連這樣的機會都可能稍縱即逝，因為畢竟不再年少，沒有大把奢華的歲月可供揮霍。可是，想想，此刻仍是年輕的，如果再不把握，轉眼就要老去，那豈不更要跌足長嘆嗎？

及時把握，知道珍惜，也終究攀摘了夢想。

為什麼要老是看著逝去的時光，心生哀怨呢？那有什麼意義嗎？往者已矣，來者猶可追。尤其，請別忘了，走在人生的漫漫長途裡，此刻的我們最年輕，此刻的光陰最珍貴。

該怎麼做呢？聰明的你，想清楚了嗎？

長大以後

小時候，年紀小，當然是要聽從父母的帶領和教導。

只是，我們總覺得：父母把家規定得很嚴，動則得咎，有多麼的不自由。我們想，千萬要快一點長大吧？長大真好，再也無所拘束了。

我們一心巴望著長大。我們以為，只要長大，就可以為所欲為，再也不必被別人管了。

長大真好！真的是這樣嗎？

日復一日，時光就在我們的不經意間快速流逝了。

終於我們長大了，求學中的書讀完了，也找到了工作，父母放手，讓我們單飛。我們開心了嗎？這時，我們反而回頭羨慕起童年時的無憂無慮，也開始明白，的確是在父母的呵護、帶領之下，我們都曾經備受疼愛和照顧，我們才會有今天所擁有的一切。

有誰是不學而能的？如果沒有父母的愛，我們能順利地長大嗎？長大，意味著工作的份量增大，肩上責任的加重，言行舉止更要符合禮節。依舊有著社會的規範和道德的尺度需要遵守。我們真能為所欲為了嗎？恐怕還是不能。

其實，我以為，人生的每一個階段都是好的，讓我們有不同的學習而且循序漸進，我們終究長成了堂堂正正的好國民。

當我認真讀《論語．述而篇》，孔子是怎麼教學生的呢？書裡這麼寫著：

子以四教：文、行、忠、信。

孔子用四種科目來教導學生：學習典籍，修治品行，心存忠厚，做事信實。

這是孔子施教的大鋼，也可見他的重視德行，存仁者之心。只有先成為一個品學皆優的人，然後，才能冀望會是個有用之人。

成長的過程，或許我們也曾有過遲疑、探索、苦悶、艱難和挫敗，幸好也曾有人對我們表示善意，給予慰勉和鼓勵，甚至有人願意持燈引照，讓我們不致迷失了方向，這都是人生旅程中難得的福分。我們謹記在心，不敢或忘。希望有朝一日能湧泉相報，或者幫助遠在我們後面的來者，讓自己也成為愛的傳遞者。這不是很有意義嗎？

只有以珍惜的心，肯吃苦，樂學習，懂得感恩，那麼，在流血流汗以後，我們才拿得出更好的成績。我們清楚的知道：只要勇敢的走過坎坷，坦途就會在眼前出現了。

當所有的艱難和困頓都成為過去，我們既已盡其在我，便也沒有太大的憾恨。雲淡風輕，是我們歡愉卻又平靜的心情。

卷三

己所不欲
勿施於人

完美與不完美

我們都是世間平凡的人，也都不夠完美。縱使盡一己之力，仍然距離完美有一長段的距離。完美，畢竟不是輕易可得。

於是，在內心裡，我們多麼冀望完美無缺啊。那幾乎成了我們內在最大的渴望和夢想。

然而，完美又哪裡會是唾手可得的？它總是在遙遠的他方，和我們相望卻不可即。

可是，在我們經歷過許多事以後，仔細想來，寧願花時間去學習，去苦苦修煉不完美的自己，希望在不斷的努力和學習之後，會有了些許的進步。我以為，這種做法才是踏實的，是漸進式而可為的。我願意相信，就在日積月累之後，必然會有可目睹的進展。

千萬不要浪費時間，去期待完美的別人。因為那樣的完美是屬於別人的，而不會是自己的。除了虛榮，又有什麼實質的意義呢？

還是靠自己吧。從不完美到完美，或許是漫漫長途；但是，每靠近完美一步，都值得歡呼鼓舞，那是多麼令人驕傲的成績。

尤其，是在品德上的臻於至善，多麼值得我們傾慕追求！

《論語．里仁篇》上這麼說：

子曰：「不患無位，患所以立。不患莫己知，求為可知也。」

孔子說：「不要憂心得不到職位，該憂心的是自己是不是有足夠的才能去擔任這份職務。不愁別人不知道自己，該追求的是自己有什麼才能讓對方了解。」

所以，努力培養自己的才華和能力，是為了等待機會的來到，好一展長才。只要自己具有優質的才學，何愁不能脫穎而出？

我總認為，人生是一場學習之旅，那麼，日日行，不怕千萬里。最怕的是一暴十寒，終究沒有任何的成效可言，而珍貴的歲月卻已經被大把的虛擲了。韶華易逝，青春無法重返，有多麼的可惜。

我想，沒有人願意辜負韶光。事在人為，只要用心、堅持，不好高騖遠，日久必然會有令人驚詫的進步。每向前一步，我們也就逐漸接近完美了，這是何等令人振奮的事。

當我們從原本不完美的自己，經由許多的修煉之後，我們向著完美靠近，已經可以算是了不得的成就了。

我經常這樣鼓舞自己，也彷彿是對著自己大喊：加油！

感謝原本不完美的自己，也才提供了學習的機會，讓整個人生因此更有意義。

迷路

你有過迷路的經驗嗎？那時候，你怕不怕呢？

我想，迷路的感覺恐怕很不好吧？

小時候，有一次跟家人去公園玩，公園很大，花很美，可是，我卻迷路了。

怎麼會這樣呢？才一轉眼，怎麼爸爸媽媽都到哪裡去了？怎麼都不見了人影？我在花園裡左衝右突，著急地東張西望，卻一無所獲。

於是，我孤伶伶的站在花園裡，舉目四望，空無一人，然後，就大哭了起來。

奇怪的是，一哭，爸媽就很快的出現了。

在抽抽噎噎中，我終於平安的跟著爸媽回到家裡。

有好長一段日子，只要我站在花園裡總是神色倉皇，好怕迷路，好怕友伴們會不見了，更怕找不到回家的路。

長大以後，我循規蹈矩，努力不在人生的旅途中迷路，或許是童年時的那一場迷路把我嚇壞了。我謹言慎行，擁有很好的人緣，也的確不再迷路。

只是讀詩每每讀到「迷路為花開」，心中仍不免悠然神往，或許，我仍有幾分浪漫的情懷；只是在現實的生活裡，我依舊害怕迷路，我也不想迷路。

或許，我應該找個友伴一同前往，縱使迷路，還有個可以商量的人，那麼，迷路或許不算是可怕的災難吧？

很久很久以前，我的第一次國外旅行，是和好朋友們結伴到尼泊爾自助旅行，有誰想得到呢？我們竟然是在尼泊爾迷路了，那還是個晚上，荒涼的異國街道，沒有店家，不見人語，連燈光都顯得黯淡，真讓我們進退維谷，心中十分徬徨；幸好另一群朋友努力找到了我們，只差一點就報警。然而，那一次的迷路，雖然有些小驚險，卻成了旅行中最精彩難忘的片段，讓我們在往後的歲月裡，一提起旅遊見聞便津津樂道。時移事往，現在想來，也是一件有趣的事。

不過，我的膽子小，還是覺得，能不迷路，比較讓人安心。

更重要的是不要在人生中迷路，可以向古籍經典學，可以向高明智慧者請益，如此迷津得解，就不致誤入歧途了。

《論語．衛靈公篇》中，有這樣的一段話是我喜歡的：

子貢問曰：「有一言而可以終身行之者乎？」子曰：「其恕乎！己所不欲，勿施於人。」

子貢問：「有一個字可以終身奉行的嗎？」孔子說：「那就是一個恕字吧！自己所不喜歡的事，就不要加在別人的身上。」

我以為，「恕」是孔子學說的精華，多麼值得我們起而效尤。做人何其難，若有經典可以仰仗，或許，也是一樁幸運。感謝中華文化的博大精深，讓我們可以厚植內涵，行止有度，更不必害怕迷路了。

相信你可以的

我們多麼期待能擁有一個風平浪靜的人生；然而，事事順遂，又哪裡會是常態？

好朋友秀秀最近住到台北來，我因此跟她通了幾次電話，還見了面一起吃飯。

她的婚姻不美滿，這是我早年就知道的事，丈夫在大陸有二奶，她在台灣以教書的薪水養活兩個孩子，幾十年來如此。

兒子是醫生，女兒是精算師，長大的兒女希望她離婚，「您的身體不好，再也不能如此拖磨下去。哪能讓我們沒有媽媽！」她終於在今年的四月簽字離婚。

好朋友，請把日子好好過，要善待自己。你看，眼前的夕陽多麼美麗，要好好欣賞啊。

想一想：人生的大海波濤壯闊，險象環生，有多少次我們幾乎慘遭滅頂，幸好吉人天相，化險為夷。也是由於這一次又一次的歷練，慢慢的，我們學會了膽大心細，勇於面對險惡。

我們從一個原本軟弱的人逐漸學會了堅強，甚至可以成為別人的依靠和庇護。這不會是一蹴可幾，長期的學習和歷練都不可少。

「不要怕，你可以的。」就這樣，不斷的跟自己信心喊話。不逃避，不推諉，直到有一天，你驚訝的發現，自己真的是可以的。

那樣的發現，足以令自己歡欣鼓舞。

這時，你已經將軟弱遠遠的拋在身後了，你堅強而又勇敢，彷彿頂天而立，如巨石、大樹、高山……在在讓人讚嘆和仰望。

往昔你不曾想到自己會有這樣的一天，而那一天居然就這樣來到了眼前。

古人又是怎麼說的呢？

請讀《論語．子張篇》：

子夏曰：「博學而篤志，切問而近思，仁在其中矣。」

子夏說：「廣博的學習，堅守自己的志向，有疑問要確實的向別人請教，從淺近的地方去印證學問，仁德也就在這裡了。」

寫出了切實可行的步驟，不只用心向外求取知識，更要向內不斷的反思體悟，能以仁德存心，自然堅定而勇敢。

當然，從軟弱到剛強，這其中有很多的學習。挫敗的哀傷無可避免，可是一次又一次，慢慢的，經驗多了，也逐漸得心應手，甚至觸類旁通，更增添了自信。原來，自己並不如想像中的糟糕，因著經歷，是可以訓練而有成的。

所以，勇氣是可以藉由一再培養而獲得的。堅持勇敢向前，毫不躲避，真的，你一定可以。

不再希求一帆風順，到那時，乘風破浪好自在。

天兵老媽手術記

老媽有三個女兒都住在北台灣，彼此居處相距不遠。雖然都已出嫁，也常有往來，或相約一起前往探視老媽。老媽日子過的風風火火，從來不寂寞，雖然老爸去世多年，似乎一點也不受影響，傷春悲秋從來不是老媽的個性，她總是開朗有趣的。

幾年來，老媽老是說：「眼前霧霧的，看不清楚。」

大女兒一聽，說：「媽媽，妳恐怕有白內障了，要開刀喔。」

老媽聽聞開刀一詞，或許心生畏懼，立刻說：「還好啦，並不太嚴重。」

每天清晨，老媽外出運動，風雨無阻。因為運動，便認識了一群「老」朋友。都住在附近，年齡相仿，都七老八十了。老媽高齡已八十一。

有一天，老媽居然主動提起，她想開白內障了。原來晨起運動時的老姊妹很多人都開過了，成效很不錯，她也躍躍欲試。

三妹妹，火速找好醫院和醫生，據說是口碑極佳的。

三個女兒浩浩蕩蕩地陪著老媽就醫檢查，果然經檢查後，醫生說，老媽已達手術門檻。

老媽胸有成竹，在醫生介紹完各種不同的人工水晶體和價錢，並詢問老媽的意願。

老媽立刻說，「我已經研究過了，我要換那個最貴的。」

醫生得知老媽的生活一向簡單，早睡早起，八點入眠，夜間不外出。平日除了晨間運動，不過是看電視，買菜，做家事，作息規律。

醫生說：「我們健保給付的人工水晶體，品質就很好了，就足夠應付妳的生活所需了。」三說兩說，老媽應允。

手術的那天，三個女兒一字排開，陪同的陣容如此浩大，多麼讓旁人艷羨，有孝順的女兒們，真不知是幾世修來的福氣。

《論語．為政篇》裡有這樣一段話：

子曰：「今之孝者，是謂能養，至於犬馬，皆能有養；不敬，何以別乎？」

孔子說：「現在所謂孝順的人，只是在飲食方面供養父母，但是家中飼養狗和馬，也一樣養活，如果對父母沒有愛敬的孝心，那和飼養狗馬又有什麼差別呢？」

所以，奉養父母，更重要的在於愛敬之心。

想來，這三姊妹都做到了。

手術順利，那時已是六月中旬，天氣轉熱，節儉的老媽捨不得開冷氣，就怕夏季電費太貴。眾姊妹商議，老媽的另一隻眼睛還是等九月天涼一些再開刀吧。

九月底，眾姊妹又簇擁著老媽前往手術室開刀，這次老媽已有經驗，更是淡定從容了許多。

手術後，醫護人員再三叮嚀，明日回診，眼睛上的紗布和膠帶不可自行打開。老媽頻頻點頭，說：「哇栽，哇栽。」

次日，姊妹們去接老媽，老媽帶著墨鏡，眼睛上的紗布和膠帶早已不翼而飛。

三個女兒大駭：「怎麼沒有了紗布和膠帶？」
「昨天半夜眼睛好癢，受不了，就都拆掉了。」
問老媽：「拆掉了？覺得眼睛怎樣？」
老媽笑靨如花：「金光閃閃！有夠讚！」顯然心滿意足。
還好沒有出什麼大差錯，大家忐忑的心才放下來。
手術成功，健保給付人工水晶體，不花什麼錢。老媽芳心大悅，逢人便說，一起運動的老姊妹們前仆後繼都來開白內障，而且指定要用健保給付的。
愛健保，果然，俗擱大碗。讚啦！

最美的花朵

再回首，憂傷和喜樂交迭而至，憂喜參半，說的就是這樣吧？你曾經是我課堂上的學生，初識你時，你年僅十四。

你算是常來找我說話的，即使畢業以後，你到外地讀書，假日若回家，我們也常有見面的機會。你長大了，更為沉穩，話不多，心思是細膩的，其實也很像年少時安靜的我。讀研究所時，你有個女朋友，這是我們最後的聯繫，然後我調回台北教書。

再相逢時，是在你們的同學會上，人那麼多，我們才說了幾句話，就被人潮雜音淹沒了。

幾年以後，你約了同學來我家歡聚，後來，我們又見過好幾次。你住新竹，不辭路遠，常來找我說話，我其實是很感動的。有時候，你一個人來，有時候跟其他的人來。我發現，只要不只一人，你就忙著招呼大家，讓別人可以跟我說比較多的話，真是一個胸懷寬闊、愛朋友的人。

我想起《論語．里仁篇》中有這樣的話語：

子曰：「君子欲訥於言，而敏於行。」

孔子說：「君子希望說話要謹慎，而行動要敏捷。」

這段話彷彿是為你而寫。你從小沉默、不多話，一直是個說得少卻做得多的人。我想，所有認識你的人都會欣賞你這樣的特質吧。不愛說話卻人緣很好，或許就是證明了。

最近的一次，你陪著童年時的好朋友來，據說，在我家的門口，還要再一次核對地址。對方驚奇的問：「你不是經常來老師家嗎？」言下之意，何至於如此？其實，你只是謹慎，不願意有任何的出錯。

我和你童年時的好友大說特說，那真是一個有趣的女子，嬌小而美麗，表情生動無比，足以吸睛。

我的眼睛手術後，第一個看到的是你們班的阿美。阿美還在我臉上來回查看了幾番，然後似乎放心不少的說：「看來神色還很不錯。」阿美還是很美。

我想，第二個出現的會是你了吧？我們相熟，更應該讓老師好好地看看你，不是這樣嗎？你卻似乎有幾分惴惴不安。哈哈，難道是怕我「透視」了你嗎？在你年少時，我就認識了你，根本就是看著你長大的。我早就看到了你本質上的善良和淳厚，我以為那是極為珍貴的特性。

回首時，想到我看你們的成長，竟然是從少年到中年。很高興，我們曾經在課堂上相遇，雖然只有兩年，別後的歲月漫長，如今屬於我的青春顏彩早已斑駁，感謝你們還記得我，給了我很多溫暖的支持和鼓舞。

你們都是我人生路上最美的花朵，情誼的芬芳，永不凋零，更不會磨滅。多麼讓我珍惜。

我由衷的說：謝謝。

生命中遇見金玉良言

今生緣會，我的確認識了不少優質的朋友，他們以自身的言教和身教常對我多有啟迪。在耳濡目染之餘，也讓我能逐漸向著「更好」靠近，我不只對他們心生敬意，也非常的感謝。

加以，我從小喜歡閱讀，好書也是值得以好友相待的，長期的薰陶，書中的智慧，成了我心頭的一盞明燈，也常對我有很好的帶領。

人生是漫漫長途。有時山明水秀，風景殊麗，然而，有時也淒風苦雨，備受憂患的打擊，之所以支撐得下去，在於我們心中的信念。

的確，那些金玉良言，成為我腳前的燈，路上的光；更是我在最黑暗的時刻，憑靠的力量。如此，我有了依循的方向，不致迷失。我也有了足夠的勇氣，更願意繼續前行，終於盼得了黎明的曙光，而有了更明亮的前程。

我常想，如果沒有這些金玉良言的指引，我的人生會變成怎樣呢？或許，我終究只是一個渾渾噩噩的人，今朝有酒今朝醉，沒有理想，也不會過有意義的日子？或許，我也會輕易地走向世俗所追逐的功成名就，在名利的大海中，載浮載沉，甚至忘了自己是誰？也或許，我短視近利，只把個人的利益擺在第一，善於權謀，自私卻沒有愛心，只會忙於算計、累積財富和聲望？……

幸好，我沒有成為這樣的人。

那麼，我又是一個怎樣的人呢？

有時候，我們以為的自己，和別人眼中的評價，也會有相當的落差。

有一年，我在研究所進修，要讀書，還要寫許多報告，日子很忙。拜長年的閱讀和寫作的訓練，我下筆總是容易一些，不曾反覆遲疑、斟酌再三。有一次和室友閒聊，我說：「我笨笨的。」她們說：「哪會？妳的才思敏捷，援筆立就。」我非常的驚訝。我看自己笨笨的，也是肺腑之言，並非謙讓之詞。可是別人看我，卻也可能是從我的優點來看。或許，兩者都是我，只是高與低，相距真的不可以道里計了。

我以為，知道自己的缺點，也才能謀求改進。

《論語．憲問篇》書上說：

子曰：「君子恥其言而過其行。」

孔子說：「君子對於自己所說的話，如果超過他的行為，也必然認為是可恥的。」

因為言過其實，也是一種虛榮吧？夸夸其言，卻不務實，畢竟讓人鄙薄。

也因此，人生路上，那些我曾經遇到的金玉良言，可以做為我進德修業的依據，都被我一一珍惜保有，在力行之餘，不只啟發多了，效果也相當驚人。

感謝古聖先賢睿智的金句，我真心崇敬也實質受惠。

都是菊花的緣故

聽說我開刀，中學時候的好朋友前來探望，還送了我一盒菊花。她曾在澳洲居住多時。

她說：「喝一點菊花吧，對眼睛是有好處的。」

我的大學同學也打電話來問好，跟我說：「把菊花和枸杞煮成茶飲來喝，的確可以明目。」

有一天，我習中醫的朋友也跟我說：「天涼時，喝點菊花枸杞茶，真的很好。」那時候，時節正進入初冬。

既然這麼多人說了，而且已經有了菊花，再添一味枸杞，也並非難事，我因此躍躍欲試。

我記得以前常有人送我枸杞，我都放在冰箱裡，偶爾入菜，但機會不多。或許還有剩的吧？我因此找了找，真的還被我找出了兩包來。這下子枸杞和菊花都有了，我燒開水，準備做茶飲。

一打開菊花的盒子，我才發現那是茶包，茶包也無妨，做成茶飲也是簡單。

我倒了一杯，閒閒地坐在餐廳，望著窗外的綠意盎然，時間還在早上的七點半，窗外鳥聲喧嘩，吱吱喳喳，好一團熱鬧。聽說，明天就要變天了，或許鳥兒是先知吧，先暢快的說笑，連明天的份也說了？明天若真的天候不佳，或許靜默一日？

這樣想想，便也覺得很有趣。

菊花，總讓我想起愛菊的陶淵明和他的詩，他的飲酒詩寫得多麼好，真性情的人連寫的詩也都動人。

以前，我的生活都太緊張了，講究高效率，不容許自己鬆懈，時日久了，終究折損了健康，到底並非明智之舉。或許應該慢慢做，長久的做來，成績依舊可觀，一如細水的長流。朋友們早就勸我應該這樣，而不是焚膏繼晷，倏爾消亡；然而，他們不知我從小身體不好，對未來沒有信心，於是我嚴格的要求自己不得放縱，努力工作，直到幾近油盡燈枯。……

人生是不斷的選擇，愛自己的選擇，也算是一種負責吧？

還是應該要向君子去學。《論語．衛靈公篇》中有過這樣的話：

子曰：「君子病無能焉，不病人之不己知也。」

孔子說：「君子只憂慮自己的才能不足，並不憂慮別人不知道自己。」

所以，充實自己有多麼的重要，只要才德兼備，遲早都會脫穎而出，大展鴻圖的。

我追求無憾的人生，若能無憾，多麼好。

這茶飲，無法看到菊花在熱水中的一再翻騰和美麗的綻放，也讓我覺得略有不足。

下一次，真要泡菊花了，那種一朵一朵的。

姊妹

她們是一對姊妹花，先後成了我的學生，都在我的國文課上。

姊姊活潑，妹妹安靜，各有千秋，我都喜歡。

當年我曾經在妹妹的作業本上，寫著「妳有一個優秀的姊姊」。據說，這句話讓姊姊大受鼓舞，更加努力上進，後來進入幼教界，極受學生們的歡迎和愛戴。姊姊說，是當年的這句話改變了她的人生。

是的，每個人都需要鼓勵，尤其是在尚未建立信心，或者對人生感到迷茫的時刻，鼓勵會發生一些作用。然而，人生是漫漫長途，如果只是一時的激勵，畢竟走不了遠路，不過像是暗夜裡施放的煙火，絢麗一時，轉眼就要消逝了。人生的漫長，需要長久的堅持，才有可能看到佳績。更重要的，還在於她的努力，她做了自己有興趣的幼教工作，長年的夙夜匪懈，願意犧牲奉獻，終究大放異彩，多麼令人替她感到高興。

從小安靜的妹妹，長大以後韌性十足，先生的事業遭逢挫折後，她立刻外出工作，養家活口。那時候孩子們都在讀書，她艱辛的走過那段歲月，沒有怨尤。幸好兒女都乖，如今孩子們長大了，都是守規矩的好青年，總算否極泰來。往後的日子也只有越來越好，令人放心。

讓人想起《論語．里仁篇》中說的文字：

子曰：「君子之於天下也，無適也，無莫也，義之與比。」

孔子說：「君子對於天下的事情，並沒有一定要如此做，也沒有一定不如此做，完全要看怎樣合理，便怎樣去做。」

所以，君子是靈活應變，也是圓融的。

對一個顧家的女子來說，家就是她的天下，只要對家好，對家人有益，便義無反顧，勇往直前，不計個人的辛勞。……

這兩個姊妹的個性雖然不同，卻也各有所長，感情一直都很好。活潑的姊姊擅長說故事，她的表情生動而有趣，我說：「下回來，也說個故事給老師聽吧？」教書教了幾十年，終於等到了可以聽學生們說故事了，真是開心。

比較起來，妹妹跟我走得近，常來找我聊天，姊姊則少見芳蹤。姊姊的說詞是：「我比較自卑。」我聽來，只覺得是「藉口」。她說她下次會來。只不知還得再等幾年？姊姊只好信誓旦旦的說：「很快就會再來看老師了。」好吧，姑且信之，只恐怕這支票是芭樂票呢。

安靜的妹妹，在姊姊的面前，話更顯得少了，卻很專注地聽著姊姊說話。活潑的姊姊說這說那，搶盡鋒頭，在我看來，也很有意思。

冬日的夜晚，天黑得早，六點多，她們一起離去，想到長大以後的她們各有家庭，也未必時時都有見面的機會，或許下次就相約在老師家吧。

藍天白雲

都說今年是暖冬。

於是，今天早上，我在住家的前陽台，看到了整大塊淺藍色的天空，如夢，還有飄浮其上的片片白雲，真是美呆了。

天空寬闊，容得了白雲的自在優游。我常想：如果我的胸懷也能像天空一般的寬廣就好了。可是，平凡的我們老要計較，就怕被別人占了便宜去，處處不肯吃虧，快樂也就跟著少了吧？

《論語．衛靈公篇》中，有這樣的話語：

子曰：「躬自厚，而薄責於人，則遠怨矣！」

孔子說：「嚴格的要求自己，對別人的過失只輕微的責備，這樣就不會招來別人的怨恨了。」

嚴以律己，寬以待人，一直是儒家的處事準則。因為能自我檢討，寬厚待人，自然不起爭端，怨尤遠去，心中的歡喜也會跟著增加。

此刻，整個天空晴朗而清亮，沒有一絲晦暗，我簡直不敢相信台北市區的天空能如此迷人，真要懷疑自己莫非是在國外旅遊呢？

以前台北的空氣總讓人望而生畏，灰濛濛的，毫無生氣，連帶人們的心情也好不起來。現在是怎麼了？是因為前些日子接連下雨的關係嗎？還是凌晨的那一場小雨呢？似乎空氣變好了，天空也漂亮了。

藍天白雲，美景當前，讓人的腳步也變得輕快。在這樣的時刻，你想做什麼呢？唱歌？寄語白雲我心中的深深思念？還是想跟著白雲一起去遨遊呢？

我呢？我只想就著天光讀幾首小詩，讓詩意上我心頭，也讓曾經有過的沮喪和憂傷遠去。有誰能時時保有歡愉的心情呢？想來也是不容易的，然而，努力仍有必要。

我又抬起頭來仰望天空，藍天無際，白雲悠悠，宛如歲月的長河滔滔。我們呢？我們不過是河灘上撿拾著貝殼的孩童，帶著天真的笑容，卻不知時光從來不曾為任何人而停留。

藍天白雲，這如詩一般的景致，是不是也曾印刻在你的心版上，讓你時時懷想？

和自己在一起

從來我就喜歡和自己在一起。

會不會我其實也帶有幾分的離群索居，甚至不合時宜？平心而論，我對自己是有些放任的，我不太委屈自己去做不喜歡的事，我也不參與任何的酬酢，甚至，我痛恨言不由衷的說話。我沉默，也只為了不想要說謊。

說不定，也是由於我周圍的人對我太好了，他們容忍了我的習性，總是讓我可以做自己。

和自己相處，在我，從來都不是難事，常令我覺得怡然自得，甚至喜不自勝。或許，我天生就宜於獨處？

平日，我過簡單生活，做自己喜歡的事，我知道：能這樣，一切都來自上天的成全。

《論語．里仁篇》裡這麼說：

子曰：「放於利而行，多怨。」

孔子說：「做事情，如果一心以個人的私利為依歸，必會招來別人許多的怨恨。」

若能不以個人的私利為先，而願意著眼於大眾的福祉，合於道義，也就少有他人的怨尤。不怨懟的人生會比較快樂，也更加簡單。我從來就以為，簡單是美。

何況，自己一個人，更可以專注，工作的績效驚人。或讀書或寫作或發呆，或只是閒閒地散步，看花樹聽鳥語，甚至觀畫展看電影……我以為，內心的快樂就要滿溢了。

有一年我受傷，不能外出，留在家裡，做什麼好呢？受傷的，還包括右手。心情如此沮喪，似乎什麼事也做不來。幾番思量之後，我鼓舞自己還是要工作，用以轉移自己的沮喪。我因此用左手，在電腦鍵盤上，慢慢敲出一本書來。因為是一場意外，事出突然，出書也並不在規畫之中，所以，那本書從構想到寫作的方式也都是全新的嘗試。等待骨頭癒合的時間緩慢，我幾乎要一年才完全好，康復以後出新書，更是一件歡喜的事。

我想，在我的內心深處，沒有輕易浪擲韶光，或許才是我真正在意的吧？

我喜歡和自己在一起，做什麼都歡喜，不做什麼也自在。這麼說來，恐怕我也是越來越「宅」了呢。

回望時光

一場眼睛手術，我才發現，喜歡閱讀和寫作的我，平日對眼睛的仰仗如此之深。在手術過後的恢復時期，我的眼睛可以看見這個充滿了明亮的世界，卻暫時不能上網，也不宜閱讀和寫稿。

似乎有眼睛，卻無法做自己喜歡的事，怎麼會這樣呢？

我陷入很大的失落之中。

朋友們都勸我稍安勿躁。他們說：「就給自己放個假吧！你全年無休的工作了這麼多年，也該休息一下了。」說的也是。

我不知道，過度使用，會使眼睛出現問題。我更焦慮的是，我深知閱讀種種的好，於是，從我一開始教書，就想方設法的，要讓我的學生也成為「愛書人」。閱讀，改變了我的人生，我但願我的學生也能和我一樣領會書頁芬芳的氣息，從而成為更有內涵、更有理想和遠大抱負的人。

是的，他們也的確如我所願的喜歡閱讀，但是，如果漫無節制的大讀特讀，也可能壞了眼睛。這令我擔心。於是，我四處打電話，問：「你的眼睛還好嗎？」大致的回答是：「還可以。」總算讓我稍稍放下心來。

好朋友卻安慰我說：「就算他不愛閱讀，去滑手機、玩電競、看電腦……眼睛也可能變得不好啦。喜歡閱讀，增長智慧，帶來了更好的人生，其實還是很值得的。」

因為眼睛的手術，也讓我暫緩了腳步。回望時光，我才發現，我有著前所未有的疲憊，太累了。的確，我孜孜矻矻，幾乎不曾休息。就算人生的成績不差；然而，倘若損毀了健康，是不是真的值得呢？「中庸」才是最好的人生哲學，凡事過猶不及，都不好。

我還記得《論語．雍也篇》裡是這麼寫的：

子曰：「中庸之為德也，其至矣乎！民鮮久矣。」

孔子說：「中庸這種美德，是最理想了！人們缺少這種美德也已經很久了。」

此後我應念茲在茲，不敢或忘。

昔日的學生知道了，給了我一封信：「一樣的歲月流逝，人人不能免。但是您在這趟未完的旅程，創造了您獨特的價值與歷程，更鼓勵了許多人，這是大多數的人所不及和羨慕的。一般而言，老師在書裡或對外表現出來的，都很正面、樂觀；但是我覺得老師也是人，所以擔心、憂傷、憤怒的情緒，也是存在的。我只是希望老師憂傷一下下就好，很快地找到新的快樂泉源……」寫得真摯動人，具有撫慰和療癒的作用，真心謝謝他。

當時年少的他確實深受我的喜愛和關注，歲月悠悠，他仍保有從前的純真和善良，又是多麼的難得。

時光，或許能損毀青春的容顏，然而人間的某些情誼，仍能歷久彌新，或許，也讓我們對美好的人性永不絕望。

樂當綠手指

你是「綠手指」嗎？可以活植物無數？

我的朋友多的是「綠手指」，可惜我不是。我常向他們討教，他們總是說：「很簡單啊，澆澆水，不理它，就可以活得很好了。」我對他們的話存疑，因為，我總是花了很大的力氣，卻又績效不彰。不理它？哪裡行呢？

多年前，我的鄰居好朋友送了我一盆薄荷，我這「黑手指」，才三兩下，就讓它魂歸離恨天了。心裡真有說不出的抱歉。

有一次她來，我問她，「那盆薄荷原來是長在哪兒呢？」

她說：「公寓的頂樓。」

我們診治了半天，結論是，我可能澆水不當有改進的必要。

前些時候，纖塵無染，彷彿是來自空谷的清雅女子幽蘭，翩然來訪，還特地送了我一盆美麗的薄荷，長得青翠盎然，層層碧綠，如詩。

幽蘭說：「薄荷給老師泡茶喝。」

情意殷殷。我可得好生伺候著。

自從養壞了一盆薄荷，我哪裡還敢怠慢？

我把薄荷盆栽放在西邊日曬充足的所在，也不敢澆太多的水，就怕給淹死了。一日看三回，奇怪的是，新長的葉子都瘦弱，不及原先的碩美。有時候，葉子竟然奄奄一息，我趕忙澆水，很快地就恢復了生機，只是，這又是怎麼一回事呢？

昨天和我的同事打電話，她也說，她連薄荷都養不好。她還跟我說：「薄荷需要陰涼的地方，例如樹下。」我聽了大驚，放下電話，立刻把那盆薄荷從西挪向東，還拿其他的盆栽約略擋著，讓日照不要過多。

後來又有人告訴我說，薄荷是喜水的、要修剪，甚至要抓蟲……澆水和修剪，還算不難。至於有蟲？我四處張望了半天，幸好尚未看到蟲的影蹤。小盆栽大學問，也的確是。

想起《論語．子路篇》中的這段話：

樊遲請學稼，子曰：「吾不如老農。」請學為圃，曰：「吾不如老圃。」

樊遲向孔子學習請教耕田種地的事，孔子說：「我不如老農夫。」

又請教學習種菜種花的事，孔子說：「我不如老園丁。」

確實，學有專精，專業是非常珍貴的。當我們學習的新的技藝，也常要向高明者去請教，他們稍一指點，總能事半功倍，效果驚人。我很早就知道，閉門造車是行不通的，何況，現在是什麼時代了，網路消息到處都是，可供參考的各種書籍也所在多有。

至於，那盆薄荷結果如何？目前還不知，且看往後的發展了。

我想，無論如何，總得好好地養著它，以免辜負了幽蘭姑娘的一片美意。

有愛無礙

當我能篤定地走著自己的人生路，勇敢前行，而不畏懼，我知道，那是我背後支撐的愛足夠豐盛。

當我面對憂傷挫折，能不被擊倒，而願意代之以正向思考，不灰心喪志，我明白，我心中的愛盈滿，而愛是有力量的。

愛，或許看不見，卻能感受得到，如陽光的溫煦，如似錦的繁花。

可是，我也知曉，在這個世界上，不是人人都能在愛的圍繞下成長、茁壯。那些欠缺愛的人，想必在生命的旅程上跌跌撞撞，好不容易才掙扎著長大，心中有多少委屈的淚、不平的恨。

有一次，在一個研習會上，一個坐我隔壁的學員就跟我說：「我媽媽很糟，自私、跋扈、口沒遮攔、我行我素……小時候，甚至整個成長歲月，我總是羞於承認有一個這樣的媽。直到我夠大，經歷了許多人世的磨練，我開始憐憫她，將她當成了我的負面教材，時時提醒自己，千萬不要像她。」唉，這樣的親子關係哪有可能水乳交融？好不容易，她真正懂事了，也找出了和母親的相處之道，最終獲得和解。只是，其中要花費多少的時間和力氣。

我想，如果她來讀《論語．公冶長篇》裡的這段話，必然會深有感觸吧。

這段話是如此寫的：

子貢曰：「我不欲人之加諸我也，吾亦欲無加諸人。」子曰：

「賜也，非爾所及也！」

子貢說：「我不願意別人加在我身上的事，我也不願意將它加在別人的身上。」孔子說：「賜啊，這不是你眼前所能做到的啊！」

自己能反省，知道何者該做何者不該做，坦然願行，是一種修養。只是，我仍無法想像，曾經多少個不眠的暗夜，她是怎麼度過的？那個脆弱、年輕的心靈能從何處得到安慰和鼓舞？

幸好，黯淡的過去已經遠逝，如今，她在學校教書，也擁有屬於自己的幸福家庭。曾經的歷練，讓她更懂得照顧和帶領需要關照的學生。

還好，終究沒有危及更年輕的下一代。讓所有的不幸到此為止。

所以，遇到好父母，是我們今生的恩人。家庭教育是所有教育的根基，影響之大，無可估量。良好的家庭教育，讓學校教育變得輕省，既然已經都在軌道上，相形之下，社會教育自然容易順理成章。

所有的教育，都該提供愛和榜樣，那麼，言行舉止有所依循，愛，也讓虛空的心得到飽滿，更有力氣對抗現實的狂風和暴雨。

愛，縱使看不見，卻依舊在我們的人生中占有不可或缺的位子。

等待的心情

等待是人人都有過的經驗，你呢？屬於你等待的心情又如何呢？

最近，我的眼睛手術，之後，就等待著康復。

等待的心情焦慮，不能閱讀，無法寫作，生活頓失重心，簡直不知如何是好？

好朋友拿日劇《長假》裡山口智子的經典台詞，轉贈給我：「人生不需要總是盡全力衝刺，總有不順利或是疲倦的時候。就把它當成是上天賜給的假期，不必勉強衝刺，不必緊張，不必努力加油。順其自然吧，然後一切就會好轉。」

我的人生裡幾乎少有假期，那麼，這個時候度個假，不也很好嗎？聽起來似乎不錯，如果真的實踐，不知我會不會有罪惡感？因為我根本就認為工作才是正途。

憂心，也讓等待變得格外漫長。

《論語．憲問篇》中，這麼寫著：

子曰：「不患人之不己知，患其不能也。」

孔子說：「不要憂心別人不知道自己，卻要憂心自己沒有真才實學。」

原來，每個人都各有憂心之處。稍安勿躁，或許才是好。

看來，我真的必須改弦更張，另謀他圖。想想看，像等待一朵花的徐徐綻放。我記得讀大學時，和室友在餐廳吃飯，不知道我們在說什麼，然後我微笑，室友跟我說：「妳的微笑就像一朵花慢慢地開了。」那時候，我們都太年輕，青春也如花朵一般。

然後，我又想到有如等待骨折的癒合。癒合很慢，也一樣需要時間。急不得，急也沒有用。我知道我必須讓自己逐漸慢下來。慢，包括我日常的速度，還有我的心情。如果我往日追趕跑跳，現在則優雅輕緩。我簡直要懷疑自己變成了另一個人，從急驚風到慢郎中。……

我昨天清晨又去看了隔壁鄰居家院子裡的木瓜樹，那棵木瓜樹結了纍纍的木瓜，我算了算有二十顆之多，底下的那顆已經黃熟，主人知道嗎？鄰近的小鳥早已虎視眈眈，看來遲早都會餵了小鳥。今天再看，那黃熟的大木瓜已經不見蹤影。我又算了算，現在樹上有二十二顆了。怎麼會不減反增呢？原因是又有了新的小木瓜冒出來，如此生生不息，多麼讓人驚嘆。

是不是生命也應該作如是觀？

於是，我畫圖，聽廣播，外出散步，約朋友來玩……步調變得很慢，如此身心才得安頓，逐漸的，我適應得還算不錯。

「假期」過後，一切都會好轉。真的嗎？

我想，當我適應了慢條斯理，有一天若要回復到從前的快節奏，會不會需要再一次的調整和適應呢？

卷四

知之者不如好之者
好之者不如樂之者

追逐夢想

你有夢想嗎？你勇於追逐自己心中的夢想嗎？

追逐夢想，首先要敢於夢想，更要逐夢踏實。如此，穩健走來，美夢才得以成真。

有些人，不敢說出自己心中的夢想，認為何異於癡人說夢？太遙不可及了。連夢想都不敢大聲說，哪裡會有實現的機會？又哪裡能得到全世界的幫忙呢？

如果心中有夢想，卻不敢勇於追求，那麼，無法成真的夢想，恐怕也只是一場虛幻罷了。

既有夢想，就要大聲的說，不斷的說，強化信念，讓它成為一個潛在的願望，不知不覺受到這樣的暗示，自己的言行就會不斷的向著夢想靠近。

還要有走向夢想可行的步驟，那是方法。唯有逐步接近夢想，才能攀摘夢想。不是這樣嗎？

《論語．子張篇》裡，這麼說：

子夏曰：「百工居肆以成其事，君子學以致其道。」

子夏說：「各行各業都有他們固定的場所，來進行他們各自的工作，君子則是靠著學習，來追逐他們的夢想。」

只要目標明確、行事清白，不論何時何地都不宜鬆懈對夢想的追逐，如此，夢想才有實現的可能。

有些父母太焦慮兒女的夢想，認為簡直是天馬行空，根本沒有衡量一己的條件，於是急於否定，或者認為將來沒有出路，只怕會餓死，故而嗤之以鼻……這種種作法對兒女都是很大的打擊，甚至造成親子感情的疏離，雙方漸行漸遠。追究根本，其實是出自善意，卻因過於急切，溝通不佳，而帶來了反效果，多麼讓人扼腕，甚至帶來遺憾。其實，雙方不妨坐下來，理性討論，好好說，擬出可能遭遇的困難，如果真的行不通，孩子也會知道勢不可為，而考慮修正或跟著轉向，好另外尋找屬於自己更適合且可以施展的天地。

你有夢想嗎？夢想讓人生更美麗。

且寄以深深祝福，願你築夢成真。

攀上作家的階梯

你問我：如何從一個愛書人擠身為作家呢？

我想，你是喜歡閱讀的，也對寫作好奇的人。你曾經試著創作，甚至發表嗎？投稿或在網路平台上張貼嗎？

力行重於空談。也適用於寫作。

你好想知道：到底有怎樣的門道和路徑，可以讓一個希望嘗試寫作的人有所遵循，甚且因此敲開了作家的大門？

師長告訴我們，要多讀、多看和多寫。除此，並無其他的捷徑。

是的，要背誦，要有廣泛的閱讀，還要筆耕不輟、一再的加以文字演練。

那麼，演練有方法嗎？又該從何著手呢？

大詩人瘂弦給喜愛文藝的青年朋友的建議是：

「三件事：一是寫日記，二是做讀書札記，三是與文友通長信。如果一個人不間斷地做三十年的日記、札記，又經常給朋友寫談近況、說人生的信，他不是作家，也得是作家了。因為他早已嫻熟文字表達，習慣把自己的思想變成詞語，這些日記、札記和書函的寫作習慣，廣義地說，也就是文學的行徑。」

的確不失為中肯的建議。

今天我重新讀到這段文字，果真是金玉良言，可以作為喜愛寫作年輕人的依循。

我曾經在《論語．子罕篇》裡，讀到這樣的一則：

子曰：「三軍可奪帥也，匹夫不可奪志也。」

孔子說：「三軍雖然人多，還是可以把他們的主帥俘虜過來，但是一個尋常百姓，卻很難迫使他改變志向。」

那是因為三軍雖然人多，未必萬眾一心，力量因此分散，俘虜主帥或有可能。匹夫雖然人微，力量在己，只要勇於堅持，外力很難改變他的意志。

所以，個人的毅力所產生的力量是驚人的，不必妄自菲薄。

你想成為作家嗎？

很值得一試，只要有興趣，有企圖心，鍥而不捨，縱使三十年的時光彈指即過，你卻給了自己不一樣的人生。因為思維的敏銳，感觸的深刻，文筆的優美，而成為讓人敬佩的作家。
你的筆將安慰了無數的人，你所寫的書也將穿越時空，成為永恆。
如果你有興趣，你願意試一試嗎？

十四歲的少年

那天，他跟著母親一起前來。他的母親曾經是我教書時的同事。十四歲的少年多麼的靦腆啊。不太敢正面直視，常令我莞爾。

其實，他是一個幸運的孩子。十一歲時，他念小五，細心的老師就發現他主動到圖書館借的書，很多都跟數理有關，可見他是喜歡數理的。

我說：「太好了，這麼早就知道興趣的所在，也替自己未來的人生找出方向，少去了許多摸索和徬徨的時間，多麼的幸運，到底不是人人都能這樣的。」

在我周遭，有個親戚的孩子，他的功課很優，大學聯考後，進的是台大電機系。

大學讀完，繼續讀研究所，覺得不喜歡，於是重考大學，進台大醫學系，讀了以後，也不喜歡，再轉台大牙醫系。

夠會考試了，可是怎麼會這樣呢？

因為他一直弄不清楚自己真正的興趣所在，於是嘗試又嘗試，讀了這個，又讀那個，花了好多的時間，心力和金錢都是額外的支出，難道這不也是一種浪費嗎？浪費的，又何止是時間和金錢，甚至是極為珍貴的青春和生命。

我回想自己的童年，我對文字的喜愛和敏銳，在同儕之間，也很早的脫穎而出，得到不斷的稱讚和鼓勵，奠定了我後來讀中文系和從事創作的基礎。興趣的及早確立，是我一生的幸運。

每一個人只要被放對了位子，將來就可能發光發熱，有一番作為。至少，能走在自己有興趣的路上，也會比較快樂。

當然，在這之前，努力是重要的。

如果努力不夠，就不能抱怨對方不給自己機會。

必須先準備好，事情才可能有水到渠成的圓滿。基本上，機會是不等人的，憑什麼機會一定要留著給你呢？是誰規定的？

請先努力，請先準備好，才可能抓得住好機會。否則，跟緣木求魚又有什麼不同呢？一旦失去的機會，還會來敲第二次門嗎？

今天他仍是個少年，也還在學習之中，要努力讓自己品學兼優，更加的豐富和茁壯，來日必然大有可為。

那麼，為學之道又在哪裡呢？

《論語．子張篇》中，有這樣的一段話：

子夏曰：「日知其所亡，月無忘其所能，可謂好學也已矣。」

子夏說：「每天都能學到一些自己所不知道的新知識，每月都能勤加溫習，不忘記，這樣，就可以算是好學了。」

好學，奠定了成功的基石。無論知識或能力，都來自日積月累的功夫。

他能做到這樣的好學嗎？能如此，自然基礎穩固，日新又新，大有進益。

真心祝福他擁有更美好的未來。

胸懷寬闊

你是一個胸懷寬闊的人嗎？我但願是。

如果能學習寬闊，學習包容，相信我們會更快樂一些。

能做到不在意別人的無理，我相信也是由於胸懷寬闊的緣故。

你是一個怎樣的人呢？也能寬容對待他人嗎？

古時候的宰相肚裡還能撐船呢，可見是怎樣的善於包容了。

我們呢？只有透過長遠的學習、不斷的反省、見賢思齊，或許能日有進境。能了悟「今是昨非」也是一種成長。

我比較不喜歡狹隘的人，眼裡只有自己，也只關心個人的利害得失，就怕自己吃了虧，沒有撈到好處，其餘的，都無所用心。這樣的人，恐怕不會懂得愛的真諦，又如何能愛他人，愛全世界呢？

《論語．憲問篇》一書中，這麼說：

子曰：「士而懷居，不足以為士矣！」

孔子說：「一個讀書人，如果只知道貪圖生活享受，便不配稱為讀書人。」

如果念茲在茲的，只是一己的名利，個人的安樂享受，目光這般淺短，哪裡可能以國家社會為己任，能民胞物與呢？

我曾經認識一個人，尋常生活中，總是錙銖必較，抱怨連連，一說起話來，振振有詞，全都是別人對他不起，讓人聽了，心中起疑。

這樣的怨懟成性，失去自我省思的能力，看來，他只有繼續不快樂的活著，就活在一己的象牙塔裡，孤單、自戀、怨聲載道、沒有朋友。

他眾叛親離，只是孤獨的王，距離快樂多麼的遙遠。可是，他知道嗎？願意修正自己嗎？

所有人品上的修為，都是需要付出長遠的時間和繼續的堅持，沒有人能一步登天的，慢慢來，努力做，必然日起有功。

真心希望自己有一天也能胸懷寬闊，多有涵容。

感謝曾經有過的愛

料峭春寒時，還落著雨呢，她來我家小坐。

我們認識時，正是青春好年華，我二十二，她年僅二十一。算一算，我們認識有夠久了，如今，人生的黃昏即將臨近。

她是氣質美女，口才便給，文采斐然，還得獎無數。每次出新書，接受訪問時，出版社的社長和主編都大為滿意，說：「每一句話，都可以作為廣告詞。」

你就知道，在她面前，我有多麼的黯然失色，簡直是樣樣不如。

她來，原本說好一起吃飯的，結果只停留一個多小時就匆忙離開，因為突然有事，只好再約下一周。

也因為相熟，所以彼此詢問很多，拼命說，還是說不完。

真的，我還是覺得自己不如她。比較幸運的是，當初投胎時，想必我是瞪大了眼睛，精挑細選了愛我的母親。於是，儘管我笨笨的，她還是把我當個寶，這讓我一生平順，快樂多。

我終於明白，我只是命比較好。然而，多麼值得永遠感恩。

對於自己的過去，我的確充滿了感謝。我知道，是那些過往的點點滴滴，無論悲歡或順逆，才成就了今日的我。

或許，往日的我懵懂、不敏，然而，曾經有過的愛，是我路上的光，心頭的燈，帶領我走向更好的未來。

人間行路，我曾遇見的每一個能承受種種苦難試煉的人，都是我心目中的英雄，更是我積極學習的好榜樣。

我相信，是經歷過那些非凡的考驗，也才造就出鐵錚錚的人物。讀《論語．憲問篇》，讀到這樣的一段，也給了我很大的啟發。是這麼寫的：

子曰：「君子道者三，我無能焉：仁者不憂，知者不惑，勇者不懼。」子貢曰：「夫子自道也！」

孔子說：「君子有三種美德，我都不能做到：有仁德的人樂觀，有智慧的人不疑惑，有勇氣的人無所畏懼。」子貢說：「這正是夫子的自述啊！」

智仁勇的境界，距離我們何其遙遠！我們唯有期望自己，日求精進。想見君子的境界，雖不能至，心嚮往之。

至於我，我沒有吃過苦，軟弱怕事，從小的備受疼愛，長大以後，成了一個不能幹的人。這到底是好，還是不好呢？我想了又想，我相信，還是好的。因為受到上天的疼惜，因為承受的愛夠豐盛，往後縱有種種磨難，也仍然願意堅持自己是走得過難關的。對這個世界，或許有時候也會失望，但是從來不會陷落在絕望的深淵裡，更不會一心只想要放棄、不願振作。

知名的兒童文學作家林良說：雖然在真實的人生世界裡，也有許多的挫折、眼淚和黑暗，但是我們在作品中，要先給兒童溫暖和愛。

這樣的理念，也是我所服膺的。

我願意相信，愛是人生的基石，先有了愛，才能追求其他。也是由於心中的愛，讓我們確信，走過坎坷，在種種的試煉之後，就會有坦途的出現了。

至於，年少時我的不能幹，是來自尚未學習和磨練。人生的考驗何其多，一關關的走過，還是會變得堅強而又勇敢。

感謝曾經有過的豐盛的愛，讓我得以承受往後所有的紅塵考驗，努力要讓自己成為更好的人。

給予祝福

我常常給人祝福，無論識與不識。

我以為，祝福是一種美好心意的傳達，希望自己好，也希望別人好。如果人人都好，這個世界還能不好嗎？

這就是我喜歡祝福的原因了。

你呢？你也願意常給別人祝福嗎？

我想，像我這樣的作為，其實是積極的「己所欲，施於人。」

我有個朋友，在丈夫病逝，辦完了喪事以後，她立刻回到醫院，去做義工，努力幫助得同樣疾病的人。

因為付出和服務，讓她自身的傷悲得以比較快速的平復。她在別人不幸裡，由於無私的付出，而遺忘了一己的傷痛。世上多的是哀傷的人，各有各的不幸，只是未必肯說出來而讓我們知曉罷了。

所以，人間行路，付出關懷，學習同理心，都是必須。紅塵裡，多的是鑿痕處處，愛、寬容和諒解，都是生命裡的陽光，帶來了無數的希望和溫暖。

《論語．雍也篇》裡，這麼說：

子曰：「夫仁者，己欲立而立人；己欲達而達人。」

孔子說：「所謂仁啊，自己要立，便讓別人也立；自己要達，便讓別人也達。」

這就是行仁的積極表現。如此以仁存心，其實是很不容易的，我們唯有不斷的進德修業，在努力的精進之後，或許庶幾近之。孔子學說的精華，就在「己所不欲，勿施於人」。

有時，我也祝福我自己，讓身心都可以得到安頓，多麼好。世上有誰真能事事順遂，沒有波折苦惱呢？我從來不敢冀望自己在這漫長的一生中，能完全沒有遭逢任何挫敗和打擊；我只但願，當不幸降臨時，我能有足夠的勇氣和毅力，因著長久的堅持，可以順利涉渡所有的風雨、困頓和苦難。

畢竟這個世界是太寬闊了。眼前所見，人海茫茫，有緣得以相識，甚或相伴一程的，成為家人、同學、同事、同好、鄰居的，到底不多，因此格外值得我們珍惜。縱使不識，一旦有機緣聽聞對方的真實故事，有那極為坎坷困頓的，總讓我驚詫不已，卻依舊心生不忍，更要誠心祝福對方能平安走過，擁有比較順遂的、可以安享的餘生。

我的祝福真切而熱烈，但願對方也能領受得到。

我的朋友跟我說：「你能常常給別人祝福，也是一個有福氣的人。」

真的嗎？我不曉得。

我覺得，能給別人祝福，也讓我感到快樂。祝福，也可以是分享和祝禱。

只希望藉由彼此的祝福，所帶來的安慰和鼓舞，能讓這個世界逐漸變得更加安樂與美好。但願世間的悲苦，人們心頭的憾恨，都可以因此得以減少，讓歡喜更多添一些。

教育的重要

你相信，家中的排行會帶來個人不一樣的發展嗎？

基本上，我喜歡老大勝過老么。當然前提是，如果沒有被寵壞。寵壞了，就都一樣的糟，全都是來討債的，也沒什麼好說的。

我自己排行老大，老大吃苦耐勞，負責任，聽話懂事，尤其習慣照顧別人，甚至認為那都是應該的。

根據專家的研究統計，在社會上，出類拔萃的菁英中，排行老大的比例是高的，因為具有領導才能，負責，指揮若定，肯忍耐，願意堅持，都是邁向成功的因素。

老么習慣接受指令，也接受了很多的關懷和疼愛。他很難主動去照顧人，但只要父母或其他家人提出來，他也很樂意幫忙。唉，如果要他自己想起來，自動提供協助，恐怕很渺茫，一直等到地老天荒，也未必等得到。

也有人排行老么，卻因為兄長不成材，或表現黯淡，連自顧都不暇，便由老么承擔責任。於是，他是老么，行事風格卻像是老大。有時候，就在老大跟老么之間徘徊變換，人生也有所不同。

只是，年輕的一代，都已經是少子化了，或許，驕寵的多，老大和老么也沒有什麼差別了。

所以，問題也未必出在排行，而是給予的教育。

我越來越能體會到教育的重要。

教育包括家庭、學校、社會和自我教育。

前兩者是基礎，有人帶領和教導顯得事半功倍，效果卓著。基礎打得好，已經在軌道上，就不容易有違法亂紀的事情發生。否則，教育的崩盤，其實是整個國家的沉淪。教育，的確是國家長治久安的百年大計。

那麼，我們重視教育了嗎？

往日我們是，才創造了台灣奇蹟，擁有各種人才，建設台灣而為亞洲四小龍之首。台灣錢曾經淹腳目，產業創新，台灣第一。那真是蓬勃而有朝氣的年代，由良好的教育來奠基。

教育有一定的要求，必須因材施教，讓每個人都能放在對的位子上發揮所長，但是，教育絕不是放縱和討好，當是非不明，善惡不分，國家必然分崩離析，只怕此刻的寶島很快就將淪為明日的鬼島。

有誰願意看到這樣呢？

請珍惜我們既有的良好傳統風氣，好好保持，並且發揚光大。群策群力，讓台灣變得更好。發光發熱，讓全世界都看到台灣的美，在各個方面。

優質的教育，可以教出有理想，有抱負的讀書人。

《論語．子路篇》裡，是這麼說的：

子路問曰：「何如斯可謂之士矣？」子曰：「切切偲偲，怡怡如也，可謂士矣。朋友切切偲偲，兄弟怡怡。」

子路請問：「怎樣才能稱為士呢？」孔子說：「和人交往，可以互相勉勵，態度和悅，就可以稱為士了。朋友之間，最需要互相勉勵；兄弟之間，最需要態度和悅。」

讀書人當以天下興亡為己任，造福人群，更是志向。朋友和兄弟都重要，才能一起完成共同的心願。

每一個具有影響力的人都有必要謹言慎行，上至國家元首、地方父母官、各行業的菁英，甚至父母師長，都要能成為良好的榜樣，以供見賢思齊。話，不能胡亂拗，更不能言不顧行，否則，就是很壞的示範，影響所及，只怕上下失序，人人自危，那就天下大亂了。歷史上，也多的是這樣的例子，可惜，人們都太健忘了，常無法記取教訓，而讓悲劇不斷的重演。

感謝當年父母師長的教誨和疼愛，「蓬生麻中，不扶自直」，事實證明，也的確如此。

回首時刻，心中的感念油然而生。想自己能得有今日，全是拜良好的教育所賜，真有無限的感激。

讓痛苦成為過去

那年，備受癌症折騰的兒子終於遠逝。

病了那麼久，藥石罔效，不得不撒手西歸，雖然不能說是意料之外的事，卻是她心中永遠的痛。

白天，她勉強維持著軌道上的生活，梳洗打扮、三餐料理、整理家務……夜晚，她哭泣、落淚，哀痛逾恆，幾近瘋掉。

後來她接受好友的邀請到香格里拉度假，在大自然裡，她得到了很多的安慰，親近動物，學習如何照顧和餵養。好一段時間以後，她終於逐漸放下了失去兒子的悲痛。

原來，開心，也並不如想像中的那麼難。只要願意，陽光還是會重新蒞臨自己的生命。只是需要一點時間，無法立竿見影。

當你痛苦的時候，起初，便將自己的心扉緊緊封閉。你以為，療傷止痛是個人私密的事。既然如此，便無須四處張揚投訴，何必讓別人看笑話呢？那麼，更不想在別人的面前流淚了。你以為，人前落淚只是示弱，你從來不需要廉價的同情。

於是，你關上了門，痛哭。哭得昏天黑地，日月無光；哭得柔腸寸斷，彷彿沒有明天。

其實，哭，也只是宣洩了個人一時的負面情緒，悲苦的、委曲的、不平的、有志難伸的。……然而，只是哭，一直哭，並沒有實質的建設性，有補於實際嗎？我看不出來。

既然於事無補，那麼改弦更張有必要。

重要的是，哭完以後的作為是什麼？

如果，總是長久將自己封閉起來，只會停留在痛苦之中，並不具有任何的效益可言。

其實，你也可以努力妝扮自己，鼓起勇氣，打開大門，走了出去。陽光有點刺眼，但，過一會兒就會適應了。這時，你看到了花兒的微笑，也聽到了微風的低語。你驚訝的看著，蔚藍的天空，寬闊有如海洋，雲朵正緩緩的從眼前走過。

是的，你的不幸也像那雲朵，終究是要過去的。

因著喚回的清醒，你察覺到一己的幸福。你知道，你必須先愛自己，那也須要學習。只要懂得珍惜與感恩，未來的日子也必然可以過得很好。

仔細想想：快樂和幸福也是可以召喚的。

請看《論語・述而篇》這麼說：

子曰：「仁遠乎哉？我欲仁，斯仁至矣。」

孔子說：「仁德距離我們很遠嗎？我想求仁德，仁德就來到了。」可見一念之間的重要。如果，我們真心呼喚，孜孜矻矻，求仁並非困難。倘若這樣，幸福和快樂，未必遠在天邊，也可能近在眼前。

這個世界沒有永遠，一己的痛苦也如同風的吹拂，很快就會過去的。不要讓自己的心在痛苦中停留太久，而是要努力儘快的走出來。天寬地闊，世界依然美麗。

走出困境

誰都曾經遭遇困境，甚至以為困難重重，恐怕無法全身而退，其實，只要肯堅持，我們還是能平安走過，讓陰鬱遠離，再現朗朗晴天。

當一個人彷徨遲疑，不知如何是好時，請先靜下心來。

如果，老是舉棋不定，那是因為內心有所懷疑，看不清事實的真相，於是，連是否前行也覺得茫然。站在一團混亂裡，是很難有正確的判斷，所以，靜下心來是必須。

心靜了，事情的來龍去脈也就不難釐清，明白了，孰輕孰重也就了然於心，何去何從，當然不難決定了。

所以，定靜而後智慧生，是有道理的。

走出困境，其實憑藉的是堅定的信念和勇敢。信念越堅定，也越能鼓起勇氣繼續前行。

《論語．述而篇》裡，這麼寫：

子曰：「文莫，吾猶人也，躬行君子，則吾未之有得！」

孔子說：「在努力求知方面，我大約還趕得上別人，至於做一個身體力行的君子，我還沒能做到。」

孔子認為追求學問，勤勉毫不懈怠，能與他人並駕齊驅，這是他充滿了自信的一面。至於仁義的實踐，卻謙稱還沒有能達到君子的境界。

勤勉努力是重要，力行實踐更不能少。既有典範在前頭，這對我們更是一種精神上的極大鼓舞。

人生是一條長路，沒有誰真能永遠一帆風順。縱使遭逢風霜雨雪，挫折和困頓交迭而來，也無須畏難苟安。因為那都只是過程，而非恆久。

細想來，人生從來都是禍福相倚，如果這樣，那麼，生命中的順逆，也都應該視若尋常。平常心看待，就可以了。不是嗎？

順境並不足喜，因為那不可能是常態，拂逆轉眼就會來到眼前，你是否準備好要應戰了呢？

逆境也不足憂，那是上天給予我們的禮物，讓我們因此得到學習的機會，在許多方面。不只培養了更多的能力和才幹，也更加明白了知福與惜福的必要。古人還說：「殷憂啟聖，多難興邦。」不也就是同樣的道理嗎？

如果，此刻你走在順境之中，那有多麼的幸運，真心為你感到高興。請懷著感恩的心，對社會多有建樹和回饋。

如果，這時你身陷在艱困的境地裡，其實，你正蒙受上天的祝福。請堅定而勇敢的接受考驗，也請相信，總有一天，所有的困難都會成為過往雲煙。當你走過困境，你早已煥然一新，有如浴火的鳳凰。和往日相較，你有著長足的進步，早已不可同日而語了。

請以平常心走人生的路，勇敢而堅持，上天的教誨都在其中。

有容乃大

一個完全拒絕接納的人，恐怕心胸會是狹窄的吧。像是井底之蛙，畫地自限。這樣的人會快樂嗎？我很懷疑。

我比較相信「他山之石，可以攻錯」。別人若有一言之美、一行之善，都值得我們看齊。

要能看出別人的優點，而不是妄自尊大，極盡挑剔之能事。

有一次，有朋友遊罷大陸歸來，面對這幾年來中國大陸的勵精圖治，在在有著飛躍的進步，朋友不免有感而發：「台灣真要加油了；否則再過不了多久，恐怕瞠乎其後。」

他聽了，很不高興的說：「台灣已經很好了，不必去跟別人學。」還把對方罵了一頓。

我們聞之幾乎傻眼，真是秀才遇見兵。或許是他的自我感覺良好，或許只是偏執狂，宛如義和團？

難怪，《論語．公冶長篇》裡要這麼寫：

子曰：「已矣乎！吾未見能見其過，而內自訟者也。」

孔子說：「算了吧！我還沒見到過能發現自己的錯，而在內心自我反省責備的人。」

固然是人非聖賢，孰能無過？但是，我們都要能自我反省，自知錯在何處，才能有切實改正的機會。一個不能自我檢討的人，恐怕也不容易遷善改過吧？又如何能琢磨成為擁有更好的人品呢？

人生，是長遠之途，我們要學習接納別人的優點，願意見賢思齊，那樣的優點才會逐漸出現在自己的身上，讓自己有機會變得更好，不是很有意義嗎？

一個心胸寬廣的人，才能聽到不同的意見，看到不同的人才，進而讓自己得到學習的養分，能把握如此珍貴的學習機緣，這難道不是整個社會國家的福祉嗎？

再擴大的說：如果，能廣納相異的族群、人種，跨越種種世俗的侷限，融為一爐，群策群力，這樣的國家能不富強？社會能不進步？恐怕也太少了。大海能納百川，所以成就了浩瀚。的確，有容乃大，這也給了我們很大的啟發。

你呢？你願意努力做到這樣嗎？

把苦難變成祝福

每個人都曾經歷過大大小小苦難的洗禮，可是，你是不是也曾努力把苦難變成了祝福呢？

如果在人生的漫漫長途裡，苦難無可逃躲，不能閃避，那麼，我們能不能正視苦難、認真面對？

當我們在困境裡苦苦的掙扎，淚水為之流盡，卻仍然盼不到天明。然而，苦難不會永遠，終究是會成為過去的。在這個艱難的過程裡，我們領受到的經驗和教訓，都將成為未來旅程中的資產。

因為，那樣的經驗和教訓都太珍貴了，無法在尋常生活中輕易獲得，更不可能平白從天而降。果真是「不經一番寒徹骨，哪得梅花撲鼻香」。

此刻的種種不如意、困頓和打擊，都將成為來日邁向成功的踏板。在那其中，的確有著上天的祝福。

我常想，如果，人人都有面臨困境的時刻，那麼，古人是如何提升自己的呢？

《論語．泰伯篇》中，這麼說：

子曰：「興於詩，立於禮，成於樂。」

孔子說：「用詩來鼓舞人的意志，以禮來端正人的行為，拿樂來完成人的品格。」

孔子是偉大的教育家，他以詩、禮和樂來教導學生，循循善誘，以養成完美的人格，對我們也深具啟發的作用，不是嗎？

如果我們的內在豐足、強大了，便有足夠的勇氣和力量來面對困境。

只是，當身處困境的當時，我們常被哀哀無告的情緒所掩蓋了，盼不到天明，也不認為自己會有什麼希望，我們跌落到生命的幽谷，不知一切正在翻轉之中。總是在回顧的時刻，才能清晰了然，我們依舊被上天所眷顧和疼惜。

神奇的是，苦難，在我們願意承擔時，它竟然變輕變小，讓我們足以負荷，也讓我們平安走過種種艱難的關卡。

可是，如果我們害怕，一心只想要逃避，苦難便緊緊追隨，甚至死咬不放，它壓在我們的心上，無法挪移，成為終生的重負，甚至是羞恥的標記。

你願意這樣嗎？成為一個懦夫而非勇者？

原來，只要勇於堅持，苦難是可以成為祝福的。

因為，苦難和順遂緊緊相依，你可曾細細領會？

一諾千金

當然，一諾千金是讓人佩服的。

我一向重誠信，只要允諾，必然奉行不悖、全力以赴，這來自父母給予的教誨。

年少的時候，我便以為，說話算話，這不是最起碼待人接物的原則嗎？哪裡還需要提出來說？豈不是太好笑了嗎？

我是重然諾的，可是，在吃了不少苦頭以後，我方才明白：天真的，竟是自己。

原來，有太多的人是說一套做一套的，而且視之為尋常，從來面不改色。簡直讓我嘆為觀止。

怎麼會這樣呢？不守信，也不認為守信有必要？

我還真的做不到。

很高興，讀《論語．為政篇》時，我讀到這樣的一段話：

子曰：「人而無信，不知其可也。大車無輗，小車無軏，其何以行之哉？」

孔子說：「一個人如果不守信用，不知他如何在社會上立足。就像大車沒有輗，小車沒有軏，又怎能在路上安然行駛呢？」

可見言而有信，在當年的社會上有多麼的重要，那是做人的基本。如果不遵守誠信，必然處事失敗，友誼也難以存續。

古人以為，重信守義是美德，流傳下來的事蹟也車載斗量。如「曾子殺豬」、「季札掛劍」等，都是我們熟知的故事。可是，我們說得出現代人重然諾的例子嗎？可見固有道德顯然有逐漸式微的趨勢了。

我依舊要求自己要有誠信，並且以此待人接物。還是要循規蹈矩，不逾越該謹守的規範。只是，此後，我以更審慎的態度來提醒自己：「不輕許故無負人；不輕信故無負我。」

不輕率允諾別人，所以就不會有對不起別人的事情發生。不輕信別人的話語，所以也讓別人不會有對不起我的事。

這樣的學習，初始時，或許不是太容易。但是，我覺得，仍然有必要堅持下去。

不讓自己隨波逐流，猶水之就下，放棄原則而沉淪，在我眼中，是可恥的。畢竟，遵守分際，謹言慎行，活出屬於自己的優質風格來，依舊是值得恪遵而且可貴的。
從此，果然海闊天空，日日是好日。

堅持的力量

你有夢嗎？你的夢也在遠方嗎？

生命裡曾經有過的青春，轉眼即逝，夢想也是這樣吧？一旦遺失了，還撿得回來嗎？如果不能，該有多麼憾恨呢。

我一直覺得，人不能沒有夢想。沒有夢想的人生貧乏空洞，了無生趣，我不想要那樣的人生。

當然，追逐夢想必須放棄個人的逸樂，其實也是辛苦的，然而，過程裡的歡喜、憂傷，苦澀、甜美，卻讓人生變得有滋有味，值得懷想。至少，不曾虛度歲月，令我安心。

即使夢，遠在天涯海角，然而，每接近一分，都讓我覺得有意義。我從來以為，只要相信自己，願意堅持的努力，沒有到達不了的遠方。唯有長久的堅持，才看得到令人驚詫歡喜的成績。

短暫的努力，如同水面的浪花，縱使美麗，然而稍縱即逝，無法被記憶。

天才的出現，多麼讓我們羨慕，可是，如果在它背後沒有長期努力的支撐，天才就像曇花的一現，對國家社會的貢獻仍然有限。未能人盡其才，有多麼的可惜和讓人覺得遺憾。

如何讓你的才華綻放燦爛的光芒，堅持下去。

如何讓你的努力看到豐碩的成果，堅持下去。

如何讓你的此生沒有虛度而深具意義，堅持下去。……

堅持是有力量的，甚至比你所預期的還要大，還要壯觀。

在這個世界上，有天分卻一無所成的人多的是，有才華卻毫無表現的也很不少，接受良好教育終究只是個邊緣人的也不知凡幾。因為不能堅持，沒有決心，於是，就和成功擦肩而過。

所以，經由不斷的努力，屢仆屢起，有過長久的堅持，是這樣的決心和毅力，讓你未來的一切變得完全不同了。

最可惜的是那些畫地自限的人，老是將自己的沒有成就，歸咎於資質不好，能力不足，卻不知那都是藉口。

你讀過，《論語．雍也篇》裡有這樣的一則：

冉求曰：「非不說子之道，力不足也。」子曰：「力不足者，中道而廢，今女畫。」

冉求說：「並不是不喜歡老師的道理，實在是我的力量不夠。」孔子說：「力量不夠的人，走到一半才停下來，現在是你畫地自限，不想前進。」

如果尚未起步，就說自己力量不足，又如何會有好成績呢？

其實，在我們生活的周遭，也有那資質普通，卻因為從來不願意放棄，人一己十，經過多少年之後，我們幾乎遺忘了他，而他竟大放異彩，完全在我們的意料之外。

仔細想來，真的意外嗎？其實並不是。單憑他的奮鬥不懈，在任何的困境裡，都不放棄個人的堅持，這樣的努力，幾人能夠？他的功成名就都是應得的，令人由衷地為他喝采。

你做得到這樣的堅持嗎？堅持的力量沛然莫能禦之，讓人心生敬意。

讓我們彼此鼓勵，做一個能堅持理想的人。

懷才不遇

你懷才不遇嗎？我想，懷才不遇的感覺一定很不好。

那天，我在廣播裡聽到主持人說：「我從來不相信『懷才不遇』。如果一個人真的有才，就一定會被遇，只是時間上早晚的問題而已。」

聽了他的話，讓我有很深的感觸。

真的有「懷才不遇」這件事嗎？「懷才不遇」會不會只是一個人不求上進的藉口呢？

可是，我們分明看到在這個世界上，有人的運氣的確很不好，縱有才學，好機會卻老是輪不到他，總是被眼明手快的人給搶了去。甚至某些人，只靠阿諛奉承或裙帶關係就能夠飛黃騰達，屢屢獲得升遷，真教人如何能心平氣和？

不公平！我們也恨不得大聲的抗議。

可是，在這個世界上又哪裡可能處處公平的呢？

《論語．學而篇》裡，這麼說：

子曰：「不患人之不己知，患不知人也。」

孔子說：「不必憂慮別人不知道自己，應該憂慮的是自己不能了解別人。」

人生中應該學習的地方太多了。固然個人要有才華、操守、學識和能力，至於了解別人也很重要，認識對方的真偽，或學習或避禍，也一樣不能掉以輕心。如此，我們才可能施展所長，另有一番大作為。

我願意相信，機會之所以遲遲不能降臨，是因為上天還要給你更多的考驗和加以特別嚴格的培訓，讓你更能堅忍，更有能力，更知統御，以承擔更多的重責大任。

重責大任哪裡能輕易託付？當然必須是那個能「富貴不淫，貧賤不移，威武不屈」，真正百裡挑一的人才了。

如果是這樣，屈居人下，不過只是暫時，而非永遠。明白了這個道理，我們就應該更加努力，讓浮雲無法蔽日，也讓自己得以脫穎而出。

等待是值得的，為了蓄積勇氣和毅力，也讓自己更有一身好本事。

一旦脫穎而出，頭角崢嶸，立刻就成為亮點，大家都看到，也就沒有懷才不遇的問題了。

追隨志趣前行

有個讀國小六年級的小讀者，問我關於寫作的技巧。

其實，只在於多讀（誦讀，即背書）、多看（閱讀）、多寫（勤加練習）。不過是老生常談，重要的在於力行。

還問我一年寫多少篇？

因為我是天天寫，多少篇應該不難算出吧。

常常寫或天天寫，自然熟能生巧，也就不會覺得寫作太難了。如果能堅持寫個幾十年，文章要不好，也不太可能。

志趣很重要，有志趣才能吃得了苦。堅持，尤其不易，更需要志趣作為支撐。

又問我是怎麼成為一位作家的？

坦白的說，喜歡文學的母親或許曾經希望我能走上寫作的路吧？我從小得到她很多的栽培和帶領，很快的，我成了一個愛書人。如今回想，喜愛閱讀，確實給了我更好也更有意義的人生。心中自有丘壑，也讓我更能篤定而快樂地走著屬於自己人生的路。

我也投稿，從我是學生的時候就開始，可是，成為作家，我以為太難，也不曾想過。很久很久以後我在讀者的催促之下出了自己的第一本書，此後，認真寫，經常出書，於是被認為是「作家」。至於我，我只承認，自己是個文字工作者，如此而已。

平心而論，我愛教書，如果我還能遇到當年那些可愛的學生，乖巧而且上進，讓教書成了一場有趣的回憶，也的確值得教一輩子的書。

話說回來，志趣，的確是支持我們走向人生的理想的動力，讓我們更願意為國家社會盡一己之力，奉獻所學，不輕言放棄。

做一件事，若希望能有所成，我以為，恐怕憑藉的，仍在於我們的濃厚興趣。面對寫作，又何嘗不是這樣呢？

正因為有興趣，所以能持之以恆，衣帶漸寬也不悔。經得起其間的百轉千回，無數挫敗的打擊。

如果能堅持到最後，成功的機會仍會降臨，那是屬於你的。

在這個世界上，坦白的說，努力的人很多，卻只有極少數的人能夠堅持到最後的一刻。

如果不是有濃厚的興趣，一遇到挫折，就容易見異思遷，接連幾次挫敗的打擊，更是失了勇氣，只好棄甲曳兵而逃。

不能長久的堅持，就注定了和成功絕緣。

在寫作的漫漫長途裡，如果不是來自純粹的志趣和崇高的理想，願意認真以赴，恐怕無法堅持久遠。

我們不也看到有人幸運地得到了好機會，可惜這樣的機會也只是一時，有如火花的乍現，一閃即逝。因為後繼無力，無法源源不絕的創作，再好的機會，終究也只有拱手讓人。

持續的努力是必須，無法持續，恐怕也在於沒有真正的興趣，不能長期堅持創作，克服不了其中的種種艱難與辛勞。

難怪《論語．雍也篇》裡要這麼寫：

子曰：「知之者不如好之者，好之者不如樂之者。」

孔子說：「對於任何學問，了解它的人不如喜愛它的人，喜愛它的人，不如以它為樂的人。」

學習任何事物，由淺入深，有三個階段，從知之、好之到樂之。知之，只是初步的認識，好之，是感情上的共鳴，樂之，是性格上的相容，到這時，已經渾為一體了。

有著真正的志趣，才能作永無止盡的追求，不倦也不悔。志趣，支撐著自己願意吃苦，受得了打擊。越挫越勇是不容易的，幾人能夠？我相信，背後仍在於濃厚的志趣，方能甘之如飴。

追隨志趣前行，過快樂的人生，這是我對所有的人以及自己的祝福。

慢讀論語

60則修身養性、為人處事、啟發人生的經典名句

作者　琹涵

社長　陳蕙慧
副社長　陳瀅如
責任編輯　陳瓊如（初版）
行銷業務　陳雅雯、趙鴻祐
封面設計　莊謹銘
內頁排版　宸遠彩藝
印刷　呈靖印刷股份有限公司

出版　木馬文化事業股份有限公司
發行　遠足文化事業股份有限公司（讀書共和國出版集團）
地址　231023 新北市新店區民權路 108 之 4 號 8 樓
電話　02-2218-1417
傳真　02-8667-1065
客服信箱　service@bookrep.com.tw
客服專線　0800-221-029
郵撥帳號　19588272 木馬文化事業股份有限公司
法律顧問　華洋法律事務所　蘇文生律師

初版一刷　2020 年 10 月
初版三刷　2023 年 12 月
定價　340 元

ISBN　978-986-359-835-0（平裝、EPUB）

國家圖書館出版品預行編目

慢讀論語 : 60 則修身養性、為人處事、啟發人生的經典名句 / 琹涵著 . -- 初版 . -- 新北市 : 木馬文化出版 : 遠足文化發行 , 2020.10
面 ; 公分
ISBN 978-986-359-835-0(平裝)

1. 論語 2. 注釋

121.222 109013754